HOW TO TALK WITH ANYONE ABOUT ANYTHING

跟任何人都可以談任何事

「安全溝通法」教你談話技巧的結構，三步驟打造零負面環境，化解緊張對立，和誰都能無話不談

Harville Hendrix, PhD
哈維爾・亨卓克斯
Helen LaKelly Hunt, PhD
海倫・樂凱莉・杭特 & 著
謝孟達 譯

二〇一〇年，我們和一群同行人際關係科學家、心理治療師及提倡人士在新墨西哥州的阿比丘（Abiquiu）聚會，討論如何向民眾推廣人際關係教育，學習相關技巧以因應關係危機。這群人將自己的團體取名為「關係優先」，致力要讓對話技巧走出診療室，融入文化。這個願景接著發展成為一個新組織，叫作量子連結（Quantum Connections），任務是培訓講師至各地傳授我們開創的安全溝通技巧。謹以此書獻給這個團體。

〈專文推薦〉

放下拳頭，不等於退讓立場；用對溝通，讓雙方化敵為友！

諮商心理師、人際溝通講師 瑪那熊

成為心理師與講師的十多年來，陸續接觸過上百個開課單位。或許因為自身秉持相互尊重、盡力配合的心態，加上運氣不錯、常遇到用心負責的窗口，絕大多數都是愉快的合作經驗。我協助成員學習、成長，並不時接到「回頭客」再邀約，彼此雙贏。

但前陣子卻有個突發事件，讓我差點與對方吵起來。

那是來自某企業的內訓邀請，希望協助一線員工提升互動技能，與顧客建立正向關係，以達近年盛行的「情感行銷」效果。談妥細節後，我先在行事曆保留了時段，並著手規劃適合該公司的課程，也製作了完整教材與簡報。

然而內訓兩週前，對方突然通知「兩場都取消」，理由是他們後來想更改時間，但我因為已有其他工作、僅能部分配合。即使對方表示「會補貼一些費用」，仍讓我看到後炸鍋（是的，別再以為心理師不會生氣。我們也是人類啊）。談妥約定、保留時段、製作教材，卻因無法配合對方臨時更改時間，就被「蛋雕」了？

氣頭上的我，我立刻寫了封嚴厲的聲明信，控訴對方非常不尊重講師、浪費時間心力，甚至還用了「你們的行為讓我感覺極差」等字句。洋洋灑灑寫完後，我沒有直接寄出，而是先關上電腦、離開座位深呼吸、伸展肢體，讓自己的前額葉逐漸解封、平復心情並恢復理智（姑且我也是位心理師，以及教人際溝通的講師啊）。

回到位子打開筆電，重看剛才的信幾乎只是在發洩情緒、指責對方。我的經驗知道，這種做法對溝通往往無效，甚至反效果。我一方面思索自己為何對「已經約好的事情，單方面臨時變卦」特別在意，另方面也試著猜測對方堅持改時間的可能原因。

情緒沉澱後，我面臨兩個選擇：要不就算了、別打壞關係；或是表達感受，但未來可能沒機會合作。大家應該猜得到我的決定：重新寫一封「溫和但堅定」的信，禮貌地告知我受到什麼影響，並提出補償要求。

「要嘛吵起來，要嘛吞下去」是很多人在關係中的習慣，然而我們並非只能二選一：表達不滿、提出抗議，與「溫和有禮」可以共存。大聲怒吼很爽，但對溝通沒有幫助，只會將對方從「無緣合作的伙伴」變成「爭鋒相對的敵人」。但當界線被踩，若總是一聲不吭、默默忍受，對方可能不知道他的行為有多冒犯，我們自己也容易陷入內耗漩渦裡、獨生悶氣。

這就如同專精研究「關係科學」的哈維爾博士與妻子海倫，在最新著作《跟任何人都可以談任何事》中的金玉良言：「放下拳頭，但不要退讓立場」。這對長期教授人們溝通技巧的學者夫妻，在書中傳授由簡單步驟組成的「安全溝通法」，非常適合運用在「意見不和」或「可能產生衝突」的情境。

這套溝通技巧的核心，並非用什麼神奇話術來「說服對方」，而是在互動中創造「安全感」，用互相尊重的態度對話、傾聽，將衝突的負能量消弭，讓雙方成為可能合作的夥伴，而非相互對抗的敵人。

1.安全對話，2.同理對方，3.零負能量，4.表達肯定，是這套「安全溝通法」的核心。看似簡單，實則蘊含心理學以及人際溝通的精華，更是兩位《紐約時報》暢銷書作家多年來的智慧結晶，讓我也有了新的一番學習。

若你在工作職場、家庭或親密關係中，曾被人惹火但又不知如何因應，非常推薦閱讀這本深入淺出的《跟任何人都可以談任何事：「安全溝通法」教你談話技巧的結構，三步驟打造零負面環境，化解緊張對立，和誰都能無話不談》，來提升自己的溝通技能！

序

很榮幸受海倫與哈維爾之邀，為他們的著作寫序，這是一本關於如何建立人與人連結的指南，既精彩又實用，背後運用的是他們潛心多年開發的一套方法，稱為安全溝通法（Safe Conversations）。對身為夫妻，同時也是精神科醫師、律師、教育工作者及調解人的我們來說，這套方法不僅有助於應付夫妻間的棘手衝突，也可以用來應付工作場合的衝突，得以透過同理且有效的方式舒緩緊張關係，讓失和的連結獲得修復，使水火不容的雙方互相理解。

這本面面俱到的著作，除了涵蓋以上兩位人際福祉領域大師淬鍊出來的重要原理，也提出發人深省的案例、實用的提示，以及相處的智慧。兩人不僅促進夫妻相處的韌性，更透過本書引領我們啟程，探索如何讓家庭、學校、企業、社區與政府當中的人際相處更具建設性。若讀者有意學習如何以跳脫差異的方式溝通，並且讓不同意見和立場的人們保持凝聚，那麼請務必讀下去。

在閱讀的過程中，讀者能從字裡行間領會如何延伸安全溝通法的重要基礎，開創自己的應用方式。這些基礎包括向對方約定時間連結交流，從「我的體驗」的角度出發，不帶指責提出對事情的看法。對方接獲反應後，則會針對新的認知提出自己的表述，促使對話的雙方建立同理連結。

誠如海倫與哈維爾所言，失和的起因是人們各說各話而不對話，而如實重述、包容並同理對方的對話，才是人與人互相和好的正確之路。他們強調的是人與人如何互相溝通，唯有如此大家才會覺得自己在實體上與情緒上都有被正視、被聽見、被看重，並且感到心安。在這個時代，從鄉里到國內外，各種事件讓親友鄰居同學同事間關係不睦。為了促進並恢復人際連結，運用人際相處技能的智慧更顯迫切。

人類的大腦歷經數百萬年的演化，加上身為哺乳類，人類自始就是社會性動物。近兩千萬年來，人類社會性連結背後的正向本質一再獲得突顯，可見人類經由演化，會為了個人最佳福祉和彼此建立深刻關係。一旦失和，人們不再彼此親近關懷，又失去聯繫或歸屬時，會危害身體與心理健康。生活品質取決於人際關係的品質。

放大到整個世界來看，這意味著目前我們面臨的多重危機——例如意見極端對立，孤獨與絕望所呈現的失和、種族歧視與缺乏社會公義，乃至自然環境的破壞——

都可歸因於現代文化蘊涵的個體至上主義。若只將人類身分視為我們的皮囊，把「自我」當成「個體」的獨我，便忽略了人際關係連結的重要性。反之，若將人的心靈視為是既完全地包含自我也完全地仰賴人際關係，便可理解身分認知錯誤會讓人陷入絕望孤立。如同美國醫務總監彼維克．墨提（Vivek Murthy）所強調，我們正處於一場封閉孤立的危機，會給身體與心理帶來嚴重醫學後果。

安全溝通法磅礴問世，為幸運的讀者指引一條向前進步的途徑。它既教導我們要如何對外與別人建立聯結，也教導我們如何對內掌握自己的內心。這些對連結的追尋追根究柢是為了塑造融合——尊重差異與培養同理。綜觀各式科學、臨床學科、原住民教誨與冥想實踐，可以發現融合就是韌性與福祉共通之處。安全溝通法運用的場合，小至情侶間親密感情，大到企業與國家，不論哪種場合，唯有學會融合自己與他人的關係，並且融合自己與地球的關係，才能讓時常破碎的人生再度圓滿。

感謝海倫與哈維爾為眾人的個體福祉、職業福祉及地球福祉帶來如此重要貢獻。讀者若能將本書的智慧實際運用在現實生活，將會駕馭「普遍性領導力」，意即每個人可在自己技能所及、職位所允許的範圍內，讓這個世界因融合而更好。建議不妨吸收這項共同任務的智慧，按照其務實建議嘗試看看。我們迫不及待想看見你在人生旅途期間，採取這些務實有意義的步驟與人建立連結，也期待安全溝通法能夠持續引起所有人的共鳴，樂於讓這個世界變得更同心協力且富有同理心。

丹尼爾．J．席格，醫學博士（Daniel J. Siegel, M.D.）

卡洛琳．S．韋奇，法學博士（Caroline S. Welch, J.D.）

目錄
CONTENTS

第二章 解決之道 061

第二部

第三章 結構式對話 074

導論

你是否有過以下經驗：

- 你很重視的人，竟然在重要事情上，看法和你完全不同，你因此感到生氣、意外或者震撼？
- 表達自己的意見，卻被人指指點點或責罵？
- 因為說實話而在網路上被譏諷或炎上？
- 和人談話時，覺得被欺負，或者感到虛脫？
- 納悶為什麼單純的討論最後會淪為針鋒相對？
- 因為表達不同看法，結果丟了工作，與朋友絕交，或者失去親密伴侶？
- 說話冒犯到別人，雖然這不是你的本意？
- 覺得對方在**對**你說話，而不是**和**你溝通？

- 因為不再能夠好好跟某些家人、同事、朋友或鄰居進行友好或有建設性的對話，只好對他們敬而遠之？
- 每次表達自己對政治或宗教的看法時，都感覺會得罪人？

如果有，你並不孤獨。我們在好發爭論的時代生活、工作，表達意見就像是要點燃引信。

許多人也跟你一樣，因為擔心引起爭執或者招致批評，而無法坦率發表看法。溫文有禮的談話就和有建設性的溝通一樣，愈來愈少見。

放眼周遭的餐廳、派對或公園，似乎多數人注意力都集中在自己的手機，而不是和別人互動，或者和身邊的世界互動。就算和人交談，不論是面對面、透過社群媒體、簡訊或電子郵件，談話似乎也會一瞬間變調。

不論是家人聚會、職場、社交場合，或者各種團體組織，言語衝突似乎愈來愈多。容納其他觀點的雅量，或者站在同理與理解角度傾聽他人，為什麼會如此鳳毛麟角？事實上，大部分的人很會說話，卻很不會聽人說話。難道是因為擔心聽到自己不喜歡聽的？

疫情、戰爭、天災與政治動盪拆散、孤立人們，讓人們渴求避風港。在這個年代，你往往會感到焦慮、筋疲力竭、情感麻木。

我們顯然需要一種方法，讓人與人的日常互動恢復到安全有禮的狀態，這樣才能夠心平氣和說話，也不會一言不合便拳頭相向。我們提出的辦法，就是捨棄單向獨白式談話，改採取雙向對話，以確保在和別人互動及建立關係時，更為安全且有成效。

這就是我們動筆的原因：我們想教你一套技巧，讓你可以和別人安全談話，建立連結，讓你更加尊重對方，也增進彼此理解，有效解決問題。

我們在擔任心理治療師及培訓心理治療師數十年期間開發了這些技巧。過去我們的成功經驗多半在協助夫妻透過對話改善溝通，以促進婚姻美滿。如今則希望拓展服務對象，將安全溝通的談話技巧（Safe Conversations Dialogue）傳授給更多民眾，目標是要讓整個社會與全球各地的人們及團體組織，都能建立連結。沒錯，我們對這套方法是如此熱衷，我們決定把它推銷給全人類。

人際關係的良窳會決定生活的品質。在這個心理緊張的年代，許多人因為不知道有這套方法，所以關係不睦。我們志在改變這一點。

大部分人都希望在各個生活領域，和別人建立互相扶持且有成效的關係，卻不知道該如何做起，直到遇見這本書。

這套安全溝通談話過程禁得起時間考驗，歷經全球心理治療所收治上千對夫妻的實際驗證，曾被無數個工作坊運用在夫妻、個人及家庭，更曾試用於教育場所、宗教組織、企業、工會及國際衝突場合，屢獲良好成果。

方法非常簡單，只要學會幾個要點，你和別人的談話及互動就會有所轉變，即使對方立場與你不同。我們除了志在幫助你建立與他人的連結，讓你和對方心平氣和溝通外，更志在改善所有關係品質，弭平鴻溝。

沿革

安全溝通法技巧的出現，是在一九七七年海倫家的客廳，當時我們剛交往不久，兩人的前一段婚姻都很痛苦，而且以離異收場，因此再怎麼不合，仍然渴望維持這段關係。

有一天，我們談話很激烈，最後吵了起來。吵到一半時，海倫大吼：「停！」接著提議：「輪流說話。一個人說話的時候，另一個人聽。」

這個提議不賴，因為我們明顯冷靜許多。兩人於是心平氣和輪流說話，輪流傾聽。

比起干戈相向，這招果然很有效，也美好得多。

靜心的感覺讓人很有啟發。第一次採取這種方法之後，我們發覺人的理智不會再被情緒主導。心理學稱此現象為「調節」。自我調節是指在談話中掌控自己的情緒，一般認為這是好事，甚至視之為成熟的指標。

以前面這個例子來說，我們互相調節對方，效果比起自我調節更強，也更持久。我們會針對彼此說話的內容及背後情緒投入更高關注，不去評斷對方而是試著向對方學習，抱持疑問心態而非憤怒或沮喪。這番改變雖然微小，影響卻很巨大。我們這才發現，放慢速度，輪流說話，輪流聆聽，深刻理解彼此，效果竟然如此神奇。自從一開始交往，我們對前段婚姻破裂的原因都有相同疑問，希望避免重蹈覆轍。加上我們擁有心理與心理治療背景，了解人類的行為，因此在情感與知識上，也都有興趣探討良好關係該如何形成。

在談論各自狀況的過程中，我們發覺自己雖然創造力強，事業有成，卻也很怕受傷害，對人懷有戒心。就算重視彼此，卻擺脫不了前段婚姻的相同衝突，這些衝突又很類似在幼年與照顧自己的人起的衝突。這個發現太震撼了。

從心理治療師的角度來看，我們原本以為要讓兩個人恢復連結，就是要教導他們用面對問題解決問題的態度來化解衝突，這也是婚姻關係治療這個行業當時採取的慣用方法。但後來發現，成人建立關係的方式，其實會受到過去包袱的干擾。

我們發現兩件重要事情：首先，人與人之所以緊張衝突，問題出在雙方都排斥差異。每當雙方談到彼此不同之處的時候，溝通困難的原因往往不是談話內容，而是談話方式。

其次，排斥差異會導致緊張衝突，而緊張衝突則會造成兩極對立、失和。這似乎是每個人都會遇到的現象，不只是我們兩人獨有的狀況。因此你和大多數人也可能會遇到。

我們透過心像式關係臨床治療（Imago Relationship Therapy）本業，舉辦夫妻工作坊與專業人士培訓課程等不同管道，持續分享研究成果。

同時也靠著這些研究，在一九八八年出版暢銷書《得到你要的愛情》（*Getting the Love You Want*）。歐普拉（Oprah Winfrey）非常喜歡這本書，前後曾在節目上提過十七次。這本書也十一度登上《紐約時報》（*New York Times*）暢銷書排行榜，迄今銷售超過四百萬本。後來我們又寫了十本書與習作，其中兩本登上《紐約時報》暢銷書排行榜。

歐普拉告訴上百萬的節目觀眾，她因為看了我們寫的書而改變對兩性關係的看法，不再認為感情是一場浪漫的追求，而是一段心靈結伴的關係，這本書注定會改變一個人看待自己與看待世界的眼光。[1]

後來，唱作人艾拉妮絲．莫莉塞特（Alanis Morissette）也和歐普拉一樣，對外提到這本書和書中的治療方法如何影響她的人生。這讓我們更獲肯定。這本書被兩人喻為世界上有史以來最棒的感情關係書籍。

至於你現在讀的這本書，針對的對象不再只是夫妻，而是更廣的讀者，我們想要提供指導建議，讓讀者學會如何改善人生各個領域會碰到的關係。你會從後續內容學到名為安全溝通談話技巧（Safe Conversations Dialogue，SC Dialogue），讓你可以無人不聊，無話不談。

這項技巧能建立起安全感，讓你可以和別人建立連結，談話的時候也不會感覺像是要點燃引信。我們會教你如何建立安全感，即便你和對方的意見嚴重不合。

你將學會如何不怕和人談論有爭論的議題，我們會傳授簡單做法，讓你在與任何人互動時能建立連結，例如家人、朋友與同事。目標是讓你在和他們溝通時不會衝突對立。

沒錯，這是做得到的！

選擇權在你的手上。你可以選擇迴避或不去想那些惹毛你、不同意你或者危害你的觀點的人。但你也可以選擇抱持好奇心與同理心，去學習接受不同觀點。

我們跟客戶說，看待別人的方式，決定了你會了解他們到什麼程度。仔細想想，道理很明顯！請你和我們一起傾聽對方，不要評斷對方，而是抱持好奇的態度。日後再決定要不要認同對方的言論也不遲。就算不認同，仍然可以同理對方。

將近八十年來的研究成果指出，有安全感的人際關係會讓人生理心理上都發展茁壯。[2] 良好的人際關係讓人更長壽、更快樂。這或許就是為什麼人類如此渴望和人連結，因為有利於生存。當我們感到安全，自然就會關心其他人，也會關心整個人類。我們會更有能力關愛。

追求出類拔萃會遇到的問題

我們文化裡最普遍且傳統的價值體系，總是以各種正面理由鼓吹大家要追求頂尖，美國尤其如此。年輕人在成長過程中被鼓勵成績要頂尖，體育要很強，校內戲劇演出要當主角，管弦樂隊要當首席，或者在其他領域出類拔萃。我們被灌輸觀念，只要表現很頂尖，就會被大學錄取，可以獲得學位，有很好的出路，從此過著幸福的人生。

但在追求頂尖的過程中，我們容易在表達想法及意見時變得強勢，學會用獨白的方式說話，希望別人聽自己講話，還要認同自己的意見。在大家的觀念中，這就是有自信、有成就的人的說話方式。

其實，如果想要和人建立連結、建立長久關係，這不是最有效的談話方式。獨白說話方式不是在談話，而是在演講。說話滔滔不絕的人，是在樹立自己的威嚴及領導地位，而不是在乎別人是否理解自己在說什麼。

獨白說話方式容易引起歧見衝突，而非共識與合作，因為這種人的說話態度，只認為自己的意見有價值，不願意聽其他想法或意見，使他在和別人談話時，會評斷對方，排斥對方，容易動怒且洩氣。我們都希望自己被正視，被聽見，被看重。這些都是身為人的基本需求，如同維繫生命的氧氣，也是讓生命更美妙的香氛。當需求不被滿足，卻又想要滿足需求時，就會對別人和對自己做出糟糕的事情。其實，要滿足需求，就要以對話方式溝通，也就是和對方交換看法，而非滔滔不絕單方面講自己的看法。一個人靠著獨白方式溝通，或許可以存活，卻無法茁壯。全人類都是如此。

我們文化與這個世界目前遭遇衝突和對立，就是因為缺乏對話所致。當怨懟、人際衝突與對立愈來愈嚴重，會扼制生命的能量，許多人因此陷入憂鬱、絕望，甚至會結束自己的生命。本書介紹的安全溝通法，能夠讓你被正視，被聽見，被看重，滿足身為人的需求。

沒想到海倫在與我交往初期平息爭執的做法，竟然會成為深刻改變所有人的成果開端。事實上，這個更加圓融的做法，就是安全溝通法的根源，以下我們將安全溝通談話技巧簡稱為「安談法」。我們主要就是靠著這些技巧幫助求診的夫妻，世界各地人們也受惠於這些技巧，人生有了深刻改變，相信還能夠繼續影響數百萬、甚至數十億人。

這本書與搭配的習作本，則是要讓安談法邁入下一個境界，不再只是用來改善夫妻關係，而是要改變全球文化，讓你在談話時變得有建設性，藉此恢復與他人的連結，減少衝突。事實證明，讀者和客戶靠著這種做法，人生再也不同。安談法可以適用於各個人類生態體系，正是它的價值所在，可以用於企業，也適用於教育體系、宗教機構、政壇與家庭。

這套方法可以因應當今人際對立與體系對立現象，另闢蹊徑使人懂得說話而不批評，傾聽而不評斷，連結而不計較差異。差異永遠消除不了，所以必須與差異共存，理解差異，接受差異，畢竟差異即是自然界最大的特徵。宇宙中沒有「相同」，只有相似。從這本書讀者將學到各種技巧與策略，讓自己即便不同意對方看法的時候，也會感到安定且受尊重。

我們心目中世界的樣貌，是人與人不會因為差異而難以連結，哪怕差異是源自社會、文化或政治因素。反之，因為有差異，所以有新方法讓連結成為可能。在這個更安全的世界上，你可以擁抱不同觀點，藉此邁向更深刻的理解與同理。

在此邀請你體會安談法融入日常生活是多麼愉悅，然後分享心得給大家。和你的伴侶、朋友、孩子及家庭成員一塊練習，把這套方法帶去職場、教會、課堂、社區。不論遇到什麼環境，你和其他人的關係都會因此改觀。

有了安談法，所有人都可以對談自如，話題不設限。這個技巧值得你學習與練習，它是新型態的對話模式，讓你能表達各式各樣的觀點，被人傾聽，不會發生衝突對立。選擇權在我們的手上：要麼讓差異激化對立，要麼善用差異的張力促進無窮的創造力。

這些技巧也是全球社會運動的背後推手，我們期待這場運動能夠改變重視個人成就的文化，變成重視關係、鼓勵協同合作與互相依賴的文化。只要人們能夠在差異中一起工作、共同生活，將會邁入嶄新的關係文明，這個文明重視所有人的自由平等，頌揚差異與絕對包容性。

我們的目標是要讓世界變得更美好，用連結取代衝突，用雙贏取代獨勝，優先重視關係，也希望藉此迎接全新的全球關係文明。歡迎你投入安談法的懷抱，並且與人分享。

哈維爾·亨卓克斯（Harville Hendrix）博士

海倫·樂凱莉·杭特（Helen LaKelly Hunt）博士

第一部

第一章 提出問題

一位華府智庫顧問在二〇二三年接受《衛報》（*Guardian*）採訪時，針對當前公共對話遭遇到的失和危機，以及社會各個生態體系所面臨的溝通失敗歸納他的看法。對方雖然是在問疫情爭議，但他的回答也適用於時下幾乎各種議題。

「這不就跟美國政界在處理其他事情一樣，對話的一方提出強硬派系主張，另一方也跟著作出強硬派系回應？處處充斥著反射性思維，因為對立太嚴重，利害關係也舉足輕重。一方作出無理指控，另一方跟著無理回應……這種如同煉獄的政治辯論如果繼續下去，狀況只會愈來愈嚴重。」[1]

這位顧問說得很對。為什麼再也沒有人經由討論找出解決方法？或者透過安穩且禮貌的談話達成友善結論？你還記得最近一次和立場不同的人談話時深受啟發，收穫滿滿，是多久以前的事嗎？

在這個對立愈發嚴重的社會，恐怕沒有什麼事情會比說話還要危險。不過，危險不在於溝通不良，而在於用獨白方式說話，拒絕對話，導致人與人的失和。

人只要被漠視，說話不被當一回事，也不受尊重，就會焦慮，因此苦不堪言。此時，防禦機制會啟動，讓人對立起來。如果改成進行對話，就會變成是「**和**」對方溝通。只要讓人感覺到自己有被正視、有被傾聽，也被尊重，他就會覺得肢體上與情緒上都很安全，從而促進雙方連結。有了連結，就算暴露自己的弱點也沒關係，這時溝通才能真正落實。

人們必須捨棄獨白模式，這麼做只是在對著別人說話。安談法能夠讓你和別人對等溝通，這對雙方都是美好的，也更有成效。我們相信這會讓所有人的未來變得更好。

這幾年來，許多朋友之間因為政治立場嚴重差異與對立，形同陌路，重大議題也因此遲遲無法獲得解決。顯然必須找出更有效的溝通模式才行。以往年代，某些兩黨領袖會為國家利益著想，擱置意識形態上的差異，合作達成協議，例如二〇一五年美國前總統巴拉克．歐巴馬（Barack Obama）就曾經聯手共和黨與民主黨人，通過十年來第一部交通運輸預算法案。不過，共同利益日漸不敵贏者全拿的世道。背後原因正是人與社會體系之間的失和。

布魯金斯研究院（Brookings Institution）的一份報告指出：「在追求勝利的過程中，任何其他考量都相形失色。」[2]對社會而言，這是失調的價值體系。報告還提到，在這種有害的環境中，追求有效會談或辯論，無異緣木求魚。報告總結認為：「自由派認為保守派限制投票權，危害民主，忽略程序性保障措施。保守派則認為自由派朝社會主義靠攏，不重視人民的自由。從彼此之間嚴重的猜疑及揣測動機可見，眾人對這套制度的信心正在下滑，人與人的互動也缺乏善意。」[3]

從每天的新聞可以不斷看到路怒事件、職場暴力，公共聚會所、校園與商業空間也一再上演緊張衝突。如果你常搭飛機，恐怕會覺得自己就坐在綜合格鬥的擂台旁。全美空服員協會主席莎拉・尼爾森（Sara Nelson）前陣子在CNN節目上表示：「這個年頭空服員就算穿著制服，也無法確定機艙乘客是會聽從飛安指示，還是會對其暴力相向。」[4]

二〇二一年以前，通報到協會並展開調查的乘客脫序行為，每年數量都持平。但根據CNN的報導，這類行為在二〇二一年比平均暴增五倍，促使聯邦政府發起零容忍宣導活動。尼爾森說：「而且愈來愈多暴力行為不只是對人，還有動作與言語，像是捶打椅背，吐口水，朝別人扔垃圾，口出穢言以及使用種族、性別與恐同蔑語。」[5]

公共對話經常淪為威嚇、咆哮，目的在於詆毀、侮辱與貶抑對方。例如在網路聊天室辱罵髒話與擾亂，餐桌上的談話變成爭執，或是民選官員在國會辯論場合互相叫囂。

還有其他例子可以證明公民對話已經敗壞，只要在社群媒體上瀏覽一下，就會發現理性討論很少，多數都是發牢騷。這個社會已經不再重視為了相同目標協同合作與共同創造，取而代之的是爭奪控制權。

談話曾經是一門社交藝術，如今卻更像是一門武術。即使在不受干擾且平靜的狀態下，我們聽懂別人說話的程度，也僅剩下百分之十三到十八。傾聽的藝術恐怕即將失傳。[6]顯然，人類耳朵演化的程度不如聲帶。

人之所以優於其他生物，就是因為擁有連結彼此的溝通能力。如果談話引起敵意與暴力，人恐怕就不算是優等生物。

失和與粗魯對話的禍害

大部分人總有時候覺得自己被人視而不見，被人充耳不聞，不受到重視，而且感到疏離。人天生就是要和人連結，由不得自己作主。因為人就是連結的動物，是我們的本性。

那又為什麼最近這幾年來，會有這麼多人感覺到失和？人們在政治與社會上已經對立到覺得自己遭受漠視且容易受傷的程度，自我防禦機制於是啟動，變得有戒心，因為人都需要被重視，需要有歸屬感。

長久以來，人類要靠合作與集體行動才能活下來。至今也是如此。不論在職場上，校園裡，社區內，還是教會中，一個人要能成功並與人建立有意義的關係，關鍵在於堅強的連結與坦率溝通。

一旦失和，造成溝通不順，往往就會起衝突，不管是面對面，在電話上，或是透過網路寫信、傳訊及聊天。這會讓人感到焦慮，也比較難建立良好的人際關係、美滿的職業生活，並且維持整體健康及幸福感。

你是否曾經提供朋友或同事建議，對方卻不屑一顧或者回應得很不禮貌？這讓你感覺如何？是生氣？是不開心？還是焦慮？

肯定讓你覺得自己表現不夠好，努力還不夠，對吧？在這種環境中生活工作，會對你的認知能力及心理健康有不良影響。

溝通失敗會造成衝突，而非對話。人與人如果不互相傾聽，而是用威脅辱罵的方式插嘴、打斷對方說話，雙方連結就會脫鉤。人與人如果無法合作解決一致面臨的問題，彼此的關係就會遭殃，產能下滑，最後多半會引發檯面上衝突，甚至是暴力與混亂。

更深層的問題

瑟拉在做年度健康檢查的時候，詢問醫生自己覺得焦慮，是不是因為吃降血壓藥的關係。

她跟醫生說：「我在梅約診所（Mayo Clinic）的網站上看到一篇文章提到……」話還來不及說完，就被醫生打斷。

醫生冷冷地說：「你在胡說什麼。」

對瑟拉而言，這就是典型的「精神殲滅」。聽起來像是新的一部漫威英雄電影的名稱，但這是實際存在的經驗，而且很常見，尤其是在這個暴躁的年代。

當一個人僅因為對方觀點和自己不同，於是不屑對方的觀點，便造成了精神殲滅。以這個例子來說，醫生可能是覺得自己受過七年以上醫學訓練，又當了二十年的家庭醫師，當然會比一個花五分鐘時間在網路上搜尋資訊的人更清楚瑟拉的血壓狀況。但是如此粗魯地打斷瑟拉，又語帶不屑，醫生其實已經破壞醫病關係，病人可能再也不會來看他。

在我們看來，這些衝突與對立都只是症狀，而非真正的問題。這些症狀顯示身為人的基本需求，也就是需要被正視、被傾聽與被看重，並沒有達到，原因可歸結為社會與經濟體系的失敗。

因此，就算再怎麼因應並改善症狀，症狀還是會不停出現，直到體系徹底轉向，變成會關懷並回應整體福祉。

接著，來看看**更深層的**問題。若想了解**為什麼**人會折磨彼此，就必須理解人生百態，特別是悲劇面向。人生的**悲劇面向**是什麼意思？

我們活在相連的宇宙，人隨時隨地與人相連，與自然相連，也和宇宙相連。這種觀念不僅深植於古老傳統，也深植於人類目前為止發展出的最新最準確的科學領域：量子力學。

根據量子力學的一個命題，宇宙是帶有自我覺察與創造力的能量場[7]。人們所知與所見之對象，如星系、太陽系、星球、粒子、原子、細胞及各種生命態樣，都是誕生自並存在於該能量場。

人類之所以會自我覺察也有創造力，乃歸功於這種看不見的自我覺察能量，這種能量會不斷創造出各種具象形式，構成人們所體驗的可見世界。我們稱之為生之奇觀。只要人感覺到與這個根源產生連結，即是體驗到**生之奇觀**，也感受到自己是特出的生命體。

我們認為，這種奇觀讓人感受到和樂的朝氣，也是人的真正本性。只不過人類是健忘的，很多人並未有意識地覺察到這一點。為了讓大家更加有所覺察，每次我們在對外簡報的一開始，都會對聽眾昭告這個真相，目的是要提醒他們——現在則是要提醒你——自己是誰，畢竟太多人早已失憶。實際做法是，我們會指向現場或是Zoom線上的聽眾並堅定的宣告：「你很棒，這是事實。」然後要每個聽眾手指向隔壁的人（配偶、同事、孩子、朋友或Zoom的其他來賓）大喊「你很棒！」，接著手指自己說「我很棒」，再來對所有人說「我們很棒，這是事實！」說完我們才會開始簡報，簡報結束時再重複這個儀式。

以下節錄英國偉大詩人威廉・華茲華斯（William Wordsworth）的一首詩，詩名為「頌詩：憶幼年而悟永生」。華茲華斯在詩中暗喻人類是宇宙的一份子：

我們披祥雲

……………

年幼時，天國的明輝閃耀在眼前；

當兒童漸漸成長，牢籠的陰影

便漸漸向他逼近

……………

他還能欣然望見；

……………

幻異的光影依然，

是他旅途的同伴；

乃至他長大成人，明輝便泯滅，

消溶於黯淡流光，平凡日月。[8]

華茲華斯的意思是，原初狀態的人類是很美妙的動物，活在這個宇宙，也屬於這個宇宙。這是人的真正本性。我們不僅同意他的看法，更要補充一點，那就是人們體驗宇宙的時侯，最主要的感受會是喜悅與極度自在。

孩子天生不會認真看待遺棄感，但若感覺到痛苦，就會變得焦慮，舉止不率真，開始有戒心。麻州大學波士頓分校的研究成果懾人地證實這個現象。兒童精神科醫師對一個九個月大的嬰兒做了一個面無表情的實驗，同時錄下他與母親／照顧者之間的互動。母親先是和嬰兒在房間裡面進行愉快的互動，一起看著室內的物品並發出聲音。接著研究人員請母親移開視線不看嬰兒，再回過頭面無表情看著嬰兒。嬰兒發現異樣，於是發出咕嚕聲，手指著房間裡的物品，試圖重新建立與母親的連結。

母親仍然面無表情，嬰兒只得更努力引起她的注意。結果不如他的意，於是開始躁動，撇過頭，然後回頭。接下來，孩子慌了，身體開始抽動，絕望地嚎啕大哭。再過十秒，研究人員指示母親微笑，手指東西，出聲安撫，透過模仿孩子先前愉快的聲響恢復與孩子的互動。

孩子不再慌張，看了母親一下子，猶豫半晌後又和她咯咯笑著玩了起來。雖然破壞的連結已經恢復，孩子內心卻也記住，這種美好體驗是可能消失的。焦慮感進入他的世界，而喜樂不再是一個常態。

在實驗中，破壞母子連結的是母親，她突然轉頭，回頭時已是一臉冷漠。在現實生活中，這種連結的破壞有可能來自家長分心做自己的事，在不自覺的情況下令孩子感覺被遺棄。[9]

這麼做會刺激孩子的求生本能。嬰兒要靠照顧者才能存活，如果照顧者分心沒有和孩子保持互動，連結就會被破壞，產生焦慮，這會遁入孩子的意識，成為日後各種問題的源頭。

孩子感覺到威脅時，會啟動一種痛苦的神經感受，也就是焦慮。這種威脅讓他擔心自己無法生存。焦慮的孩子會因為如此痛苦的感受，變得封閉且只顧自己，活在痛苦當中，這會帶來不良後果。

當然，受創的孩子沒有意識到這件事，甚至連想也不會想。反而是自律神經在默默替孩子集結各式抵禦措施，準備逃跑、對抗、僵住或是討好，以便保護自己不受到父母養育失職的影響。

除非他們的關係有所改善，否則焦慮的孩子長大成人後，還是會活在自己的世界，認為它就是外面客觀的世界，而且會以為其他人的世界觀和他們一樣。一旦發現別人的世界觀其實不一樣，就會努力說服自己和所有人，認為自己的世界觀才是對的。

這個問題我們稱之為「排斥差異」，這是一種妄想狀態，認為只有自己的世界觀才是對的，其他人都必須接受。這使得他們無法認識其他與自己不同的意見，更不可能去接受這些意見。

在我們看來，排斥差異是衝突對立的根源，也會造成各種不良的社會行為。這裡卻有個迷人的悖論：排斥差異是一種要達成良好目的的不良企圖。排斥者覺得自己的觀念才是對的，認為採納他的觀念會給大家帶來好處，於是企圖說服大家這麼做。只不過在主張自己觀念是唯一正確的時候，會物化排斥他意見的人，最後產生對立。

身為人，天生都會想要和其他人產生連結，只是這種渴望，表達方式卻往往是疏離不同信念及想法的人。

這就是身為人的悲劇本性。

不良連結

醫師如此無禮地回應瑟拉，就是一種用表達自己的看法來和別人建立連結的例子。醫師可能認為自己清楚怎麼做對病人才是好，卻沒有接受瑟拉的不同看法，嚴重破壞兩人關係。我們稱之為「不良連結」。

想必你也可以從日常生活舉出各種不良連結的例子。

以下僅舉幾個實際例子：

1. 某個觀念比你更加自由派的朋友一聽到你的看法就馬上駁斥，因為你的看法和他的看法不同（反之亦然）。

2. 你的主管認為你很清楚他對你的要求，所以沒有給你明確工作指示。結果發現你沒達到他的要求，就很不開心。

3. 家族某個人要你放假去他們家坐坐，如果不去，會讓你感到歉疚。

4. 你告訴朋友自己對墮胎議題的想法時，他卻打斷你說話，因為不同意你的看法，想要發表他的看法。

5. 你的配偶一再提到你哪裡犯錯，因為想要你改進。

俗話說，「多樣性是人生的調味料」，這句話大部分人都會認同。（不，調味料不是指薑黃，雖然最近很紅。）但也許是潛意識的偏誤所致，人們卻會因為意見不同而不悅，甚至不時感受到威脅，才會設法說服別人認同自己的看法。事實就是如此。

如果對方的觀念與自己不同，便會感到沮喪、煩悶，甚至憤怒。

人們不見得會意識到對方的不同看法讓自己感受到威脅，因為人在遇到焦慮的時候，大腦便是這樣運作。如果容忍不下不同想法，可能就會嘟著嘴走開，或是躲回自己的孤獨堡壘（DC電影中超人的秘密基地）。這麼做毫無建設性——起碼對我們這些不是超級英雄的人而言是如此。又或者會暴怒動粗，這個情況愈來愈常見。我們把這種不願意承認差異的危險現象稱之為「兩極化的心智」（polarized mind）。

心理學家柯克・J・施奈德（Kirk J. Schneider）與薩伊德・莫森・法德米（Sayyed Mohsen Fatemi）認為「所謂人類的墮落（『邪惡』），大部分應該是出自『兩極化的心智』這個原理。極化的心智執著在單一觀點，完全排斥其他觀點。這比其他因素給人類帶來更大的折磨與苦難。」[10]

自我封閉會造成對立與孤立

自我封閉會造成與社會隔閡，這對人類來講不是好事，因為人類要靠互相建立安全的關係，才會健康的成長。如果只是因為受不了要考慮甚至是聆聽不同意見與觀點，便要豎立高牆，那麼高牆在阻擋別人進來的同時，也會把我們封死，讓我們焦慮，繼而憂鬱與疏離。

受創的自我終究還是能夠擺脫痛楚，讓人敢再踏出高牆。但如果還是一再秉持「我是對的，你是錯的」、「我不接受跟我不一樣的意見」的心態，很可能又會陷入同樣的焦慮感。這時如果有人膽敢主張我們的看法不是宇宙中的唯一，我們就會讓焦慮轉化為相形之下較容易忍受的憤怒。

記住，孤立的心智會孤立自己的心。就算你的看法是對的，但遺憾的是，活在這個世界上不只你一個人，別人生來本來就不需要同意或包容你的看法，也不需要把你的目的當作他們的目的，就算你的目的聽起來有多麼美好。

如果你還是抱持「不聽我的就滾蛋」的態度，不僅會失去人心，也會喪失你的同理心，連帶沒了人性。這就是先前提到的危險：你會物化其他人，把對方當成只是物體，像是造景中的盆栽，或是人生舞台上的道具。這樣想也許會讓不喜歡不同意見的人感到寬慰，但絕對不可能靠它爭取到朋友的認同，也無法讓你影響別人。這不是正確的生活方式。

不太美好的期待

結婚兩年的喬治和瑪麗一起前來診間治療，喬治先開口，說兩人不斷激烈吵著要不要生小孩。他想當爸爸。瑪麗則是來自很大但功能不彰的原生家庭，當初甚至對於要不要結婚，心裡是掙扎的，她不想要有小孩，打算專注在職涯的發展，不希望讓育兒分散她的心力。

我們要他們面對面，談談面臨的狀況。兩人都提到，在交往和同居的三年期間，兩人都未曾表達期待生兒育女，瑪麗倒是很認真避孕。結婚之後，原生家庭比較穩定、上有一個哥哥的喬治，便認為瑪麗應該自然會想要組個自己的家庭。

當他提出這件事的時候，瑪麗的回應讓他很意外，於是對她表明自己很失望。瑪麗這時反擊，說還在交往的時候，喬治可是極力鼓勵她取得學位，找個熱愛的工作做。她認為對方應該知道她的童年並不好過，才會想要自由地把重心放在職涯生活，取得財務獨立。

想要消除兩人的歧見，讓各自的人生未來願景不再對立，必須經過多次冗長又困難的對話才能做到。最終他們達成妥協，同意晚一點生小孩，先讓瑪麗好好工作，等到快要不能生的年紀再來商量要不要孩子。

早期我們接觸的夫妻對立與失和案例，多半是因為夫妻都期待對方觀點與自己一致，意見相同，才會爭吵。

我們發現，對方如果不符合自己的預期，夫妻兩人都會感覺不舒服，因為他們無法接受差異。我們也察覺到，包括我們自己在內，夫妻對彼此的行為做法，都會有下意識的期望及預設立場。

以我們為例，哈維爾是個獨行俠，喜歡凡事自己來，因為小時候被家長過度管教。他生活在農場，大家都在工作，如果他想看書，就得躲到穀倉頂樓。

海倫則是生長在複雜的家庭，父母非常忙碌也經常不在家，讓她覺得被忽視。於是當哈維爾選擇獨處或是自己一個人做事，就會讓海倫覺得被排擠，被忽視。

美國人口口聲聲說支持個體性，甚至把「差異萬歲！」的口號掛在嘴邊，但在面對自己與別人的關係時，卻又往往希望甚至設想兩人的觀點意見會一致。

開特力（Gatorade）在一九九〇年代合作的廣告公司，就是掌握到這種基本人類傾向，才會找來傳奇籃球巨星麥可．喬丹（Michael Jordan），打造出令人難忘的廣告「你也要當麥可」（Be Like Mike）。根據廣告團隊的說法，廣告口號的靈感是取自迪士尼電影《森林王子》（*The Jungle Book*）的電影歌曲〈我也要當你〉（I Wanna Be Like You）。[11]

如果廣告口號改成「你要跟麥可不一樣」，或者電影曲名改為「我不想當你」，就不太吸引人了，對吧？這是因為差異令人失望，也讓人沮喪，哪怕差異是出現在一段戀情、生意場合，或是社交與組織脈絡當中。這也許可以解釋為什麼許多高齡夫妻都會搬到專門給老人家居住的社區，例如佛州村莊或全國各地的陽光城社區。這也可以解釋為什麼人會和政治立場、宗教信仰與經濟地位相同的人變得要好。

就在開始幫助夫妻修復關係的時候，我們注意到願意承認其他觀點存在的人，很多都會出現焦慮情緒，而且認為不同看法是一種威脅，讓他們不得不排斥對方，或者挑戰對方。

他們也往往會給不同意見的人貼標籤，貶抑對方。這個年代辱罵貶抑司空見慣，特別出現在政黨、宗教團體的紛爭，以及墮胎議題的對立陣營。捉對廝殺的兩方賽事隊伍死忠支持者，以及企業員工和管理階層之間，也都難逃這種現象。

為什麼有些人就是處不來？

為什麼有些人就是處不來？這是個老問題，但一直以來很難回答。我們打算提供一些答案。重點在於，人們必須重新掌握一個觀念，也就是每個人雖然獨特，但都是整體的一份子。每個人小時候都體會過歸屬感與完整性，只是某些人的這種感覺後來被破壞，變成焦慮與分離感。

如果要真正感受人的本性，就必須想辦法克服唯我獨尊導致的分歧對立。我們會告訴你如何創造安全的環境，讓你能夠與人連結，接受差異。畢竟自然界的最大特徵，不就是差異嗎？其實世界上根本沒有「相同」這件事。消除差異無異癡人說夢。

我們曉得，創造安全的環境不見得容易，實在有太多人聽到不同意見就直接反彈，連承認你可以有你的看法都不願意，也不准你提供自己的看法。沒關係，再怎麼困難，我們都會幫助你！

在此強調，連結會被破壞，多半是因為一個人自顧自地滔滔不絕，或是兩人自顧自地滔滔不絕，沒有平等看待對方的不同意見，甚至認為不同意見是錯的。在這個情況下，說話是危險的事，也做不到細心傾聽。人類自古就在排斥不同觀點，這股誘發爭執且毀滅性的力量到了這幾十年尤其泛濫。

我們也可以從先進的媒體來源更加了解人類自古以來的心態，例如從社群媒體可以更明顯察覺到，只要看法與人不同，就會被人家當空氣，而且是髒空氣。

透過接觸個案並改善他們的人際關係，我們歸納出幾種理論可以解釋為什麼有那麼多人無法容忍不同觀點，而且需要別人包容他們的觀點。這種失和會使人沈默寡言，認為不符合自己期待的人不屑一顧。背後原因有三種：

1. 第一種是**不帶意識的照料**，也就是孩子在成長過程中，照顧他的人沒有和他建立情感，使得孩子與父母的情感脫鉤，也與其他人的情感脫鉤。照顧者愈是不關注孩子，孩子的創傷愈大。這種失和現象會延續到成年以後。
2. 第二種原因是童年時期的**創傷經歷**，創傷可能輕微，也可能嚴重。例如接觸寵物時被嚇到，上小學有過難堪經驗，被玩伴霸凌，被大人虐待，或單純是不被父母理睬，或者看到父母擺出冷漠表情。這些創傷經驗深植在他們的記憶，讓他們感到無助。為了不要再度經歷類似狀況，往往就會不信任人，自我孤立。
3. 第三種原因是先前提過的，也就是**社會文化價值體系**造成的失和。這個社會從一個人的小時候，就在鼓吹要追求最好的表現，哪怕是拚好成績，體育最厲害，或是最引人注目。比起和其他人建立情感連結，更重要的是表現必須卓越與突出。這會讓人產生自戀，覺得自己是宇宙的中心，旁人要積了幾輩子的福氣才能與其相處。

心理健康這個領域向來鼓吹這種文化價值體系，要人擺脫兒童時期的依賴性格，成為自主、獨立且憑自己本事的大人，也推崇獎勵佼佼者的文化。這種價值體系的問題在於，人類是注重關係的動物。人類雖然可以在不安全的環境中活下來，但只有在和其他人建立安全健康的關係的時候，人類才會發展茁壯。這就是為什麼人們需要學會珍惜人與人的關係，以及人與人的相互依存。

失和的後果

心理學家亞伯拉罕．馬斯洛（Abraham Maslow）提出人類需求層次的經典理論，需求共有五種：

1. **生理需求**：這種需求和人類生存密不可分，像是飲食需求、著衣需求及居住需求。
2. **安全需求**：只要是人，都需要安全感，需要覺得受到保護，不會受傷。
3. **歸屬感**：人都需要被愛，也需要覺得自己是共同體的一份子。
4. **自尊需求**：每個人都想要得到別人的尊重與重視。
5. **自我實現**：覺得有充分發揮自己的潛力，不是為自己而做，而是為了更崇高的目的。[12]

從馬斯洛的需求層次來判斷，那些情緒失和的人，恐怕就是有幾種基本需求沒有獲得滿足。他們被人視而不見，被人充耳不聞，不被重視，代表安全需求與歸屬感沒有獲得滿足。

社交孤立會帶來不良的心理及情緒問題，像是焦慮感、孤獨感、憂鬱，甚至是恐慌。關係不好的人，甚至連泛泛之交的關係都沒有的人，可能會生氣發飆。

那些開槍大開殺戒、隨機暴力犯案的人，不是常被稱作「孤狼」嗎？那些沒什麼朋友、有反社會人格的人，不也是叫做孤狼？其實還有一種人也是孤狼，這種人會在心裡面把其他人的看法結合在一起，然後容不下這些觀點意見，當然也就難以建設性、不帶預設立場地和別人談話。這就是和別人對立。

我們發現，失和而且痛恨別人看法與自己不同的人，會有其他幾種特性。

焦慮

菲利絲和瑪莉亞是認識很久的朋友，有許多共同特點，所以像姊妹般要好，未料他們之間的一個差異，讓兩人最後形同陌路。菲利絲認為女人該待在家裡，當個會照顧丈夫和小孩的好母親。瑪莉亞則覺得女人要能夠自由發展自己的職涯，經濟地位也要和先生保持對等，即使這麼做會犧牲家庭。

雖然兩人可以選擇討論其他雙方有共識的事情，卻一再爭論女性該扮演什麼角色，索性不再談話。朋友當了幾十年，以前會互相扶持度過難關，也會把不想跟其他人說的私密事情讓對方知道。如今無話可說，各自覺得孤單焦慮。

和人失去聯絡的痛苦，會讓人非常焦慮，因為焦慮屬於一般狀態，不像恐懼有具體害怕的對象。

激發恐懼的事情，也許是深夜的敲門聲，遇上猛獸攔路，或是狗在對你叫。而激發焦慮的事情，則是想像比特定恐懼事物更深層的某種可能性，也就是自己不再存在。害怕自己不存在如同一種神經感受，會觸及全身神經系統，成為各種具體恐懼的根本。

這一點實在太重要，故須再次強調：焦慮感令人痛苦到難以忍受，所以人會把它轉換成能夠忍受也更有力量的情緒，也就是憤怒，用它來保護自己。另一條路則是任由威脅擺佈自己，陷入憂鬱絕望境地，不再努力。不論走哪一條路，都是要不讓自己意識到自己可能不存在。

不論哪一種情形，都是不想再度受傷，才會豎立高牆，但這麼做只會讓人更疏離、更焦慮，他只會思考自己的想法，然而這些想法既負面也沒有成效，反而讓他更焦慮。關心他的人會感到沮喪，要他別再糾結。兩人的關係再度被破壞，事情變得更糟糕。

自我封閉

與人失和引發焦慮痛苦，進一步讓人陷入自我封閉。如果你曾經離婚，和人分手，失去友誼，被公司開除，或是被家人疏遠，大概可以理解我們的意思，體會過輕微到嚴重程度不等的焦慮，也起碼短暫經歷過只想悲傷與療傷度日的時光。

正因為焦慮讓人自我封閉，所以往往讓他覺得從來沒有人遇過他所遇過。這本來就不是事實，但在當下彷彿是事實。一個自我封閉的人，可能會聽到別人對他這麼說：「你以為只有你遇過這種事？」或者「你要曉得，其他人遇到的問題比你嚴重多了。」或是「把頭伸出沙子，看看四周吧。」諸如此類。

想像自己到一座海灘，周遭沙灘綿延數英里，天空如此美麗，海浪讓人看得如癡如醉。你很放鬆，一邊走在綿延恬靜的海灘，一邊欣賞美景，突然間，腳卻踩到沙子裡的尖銳石頭，割傷腳趾。疼啊！只見腳趾冒出鮮血，痛得顧不得其他感覺了。你再也看不見海灘、海浪或四周美景。樂趣與放鬆的愉悅感消失殆盡，疼痛流血的腳趾才是唯一真實，直到不痛了，才能再度欣賞周遭美景。然而你的身體已經記住這次事件，日後走在海灘上會更緊張，也更謹慎。這其實是個隱喻，就像童年有過慘痛的經歷，會讓人更焦慮也更謹慎，特別是遇到跟當年與人失和的類似環境。

有意思的是，人有能力排斥人生的正能量，也有能力重新吸收正能量，把負能量丟到意識裡頭遙遠的角落。

缺乏同理心

有個年輕媽媽生產完恢復體力後，就去嬰兒房看她的兒子，卻很詫異所有嬰兒都在哭，自己的孩子也是。她問發生什麼事，護理師說只要一個嬰兒感覺難過，想藉由哭引起注意，其他嬰兒往往也會跟著哭，直到不舒服的嬰兒得到安撫且停止哭泣。

好奇這個現象的研究人員發現，如果某個嬰兒很難過，其他嬰兒會展現同理心。這個現象稱為原始同理心，意思是同理心尚未發展完全，卻會隨著嬰兒成長持續演進。但如果嬰兒遇到某些情況，激發自己的焦慮感，就不再會展現同理心的回應，只有在自己不舒服的時候才會哭。[13]

與人失和導致焦慮，而焦慮引發自我封閉的悲劇後果，就是失去同理心。但要留意，同理心不等於同情心。同情反應是一種情緒，像是悲傷、害怕、興奮，而且是發生在某個人告訴你他很難過，你跟他說你完全懂他的感受，因為你也經歷過這樣的事。

同理心則完全不一樣，指的是某個人跟你分享你從來沒遇過的難過或開心心情，你卻能夠感受到他們的心情，起碼能夠想像。同理心的回應代表會去透視另一個人的心情，不帶評斷地吸收與容納對方的內心世界，哪怕只有幾分鐘，藉此擴大滋潤自己的經驗。

物化對方

史蒂芬早年是個很成功的汽車銷售業務員，但過了幾年，開始覺得老闆不重視他，也不把他的人生目標當一回事，因此提出申請想成為業務經理，結果卻被拒絕。失望之餘，他決定盡力賺錢就好。

但這條路行不通，他的業績下滑，因為他不再傾聽顧客需求，也不去了解他們心目中想要什麼樣的車子，只顧著推銷能夠賺取最多佣金的款式。他不再把顧客當作擁有目標與期望的活生生個體，僅把他們當作實現目的的手段。

人一旦不去體會、不去想像、也不去重視另一個人的內心世界與心情，代表不把對方當人看，也就是物化對方，想怎麼對待他都可以，如果他對我們有用處，就是有價值，對我們沒有用處就不去理他。

被人排斥且不被人愛的人，往往會把其他人看成物品，要麼有功用，要麼該被忽略。這種邊緣人在物化別人的時候，毫不在意對方的感受與需求，因而喪失人性。所以當他在物化別人的時候，也會排斥看法和自己不同的人。

焦慮使人自我封閉，自我封閉則讓人難以展開良好社交，會把其他人當作實現自私需求以及個人目的的物品，並且排斥外在世界，只顧自己的內心世界。內心世界最後變成世界唯一的樣貌。

放大到社會或國家層次來看，那些容忍不了不同觀點意見的人，往往會認為自己的文化、種族、宗教或生活模式才是「對的」，深信自己的世界觀是唯一正確的世界觀，其他觀點的人都很低賤邪惡。這些「其他人」不再是人而是物，所以要用對待物的方式對待他們。

渴望建立連結

物化別人的問題在於，不把他們當人看待，我們自己也會失去人性，會和周遭的人失和。可是我們多數人都渴望和別人建立友好關係，會用上許多時間設法和其他人在私生活領域、工作場合與各種社群建立連結。至於無法容忍不同觀點和意見的人，終究會感到挫折氣憤，因為他們無法和人建立連結。

所幸，我們會利用後續幾章篇幅，教你如何和那些跟你差異大到難以克服且無法忍受的人建立連結。想要不再抗拒差異，重點就在必須同意「差異」是世上唯一存在之事。每種觀點都是差異的明例，差異是自然界的根本特點，我們的目標是促進不同觀點的認識與容忍。這在我們接觸的夫妻、員工、校園與宗教團體個案中，被稱為「差異化」，意思是找出一種穩健的方式理解對方的獨特性，傾聽對方，重視對方，即使不同意對方的看法。

關係構成自然界。所有個體都是來自多樣性之下蘊含的同一性。自然界也是二元的，充斥著對立事物。瞧瞧身邊有各種顏色，有各種食物口味，有各式各樣改變人生的發明創造，還有各種類型的音樂。宇宙的特點就是差異。有熱就有冷，有上就有下，有濕就有乾，有吵就有靜。自然界充滿差異與對立。

目標是要對那些意見不同的人感到好奇，學習其他觀點，甚至是一起找出共識，共創雙贏局面。或者是去接納你不認同的人，尊重雙方意見有差異。畢竟每個人都是從自己的角度努力做好事，你也不例外。這時候就該給予一絲同情與包容。

想當這個世界一份子，就必須學習傾聽與重視其他人，而要做到這一點，就得對差異有所好奇與尊敬。如果你不想讓心智侷限在狹隘的視野，就得接受自然界和這個社會的真實多樣性面貌，否則就是繼續活在不斷反芻自己想法的世界，以為自己的觀念就是事實。

藉由本書提供的流程，你和別人的互動會變得更好，在私生活、職場與社群場合也能夠與人建立更理想的關係，成為全球人類家庭一份子。我們會讓你了解到，構成這個世界的只有差異和多元，也會說明為什麼接納並宣揚差異，會開啟更美好的機會之門，使人生過得更快樂。

照著書中的方法去做，就會懂得如何跳脫差異與人溝通。即使每個人意見觀點不同，也不會因此失和，溝通也會有成效。

第二章 解決之道

回想一九九〇年代初期，我們的心像式關係治療協會才成立不久，就遇到成長的痛苦。由於歐普拉節目幫忙宣傳的關係，協會同仁接到大量來電，都是諮詢工作坊、治療師及商品事宜。

我們沒有料到一下子會有這麼多人需要我們的服務與產品。到處招募員工的同時，因應民眾索取宣傳品，印刷與郵寄成本也隨之增加。為了打平成本，只好規定心像式關係治療師必須繳納年費才能與我們合作。相對的，我們會在名冊目錄上放上他的聯絡方式，替他宣傳他有在做心像式治療。

新規定是在舉辦年會的前夕宣布，治療師得知這個消息後頗有怨言。年會在奧蘭多召開，起初氣氛劍拔弩張，很多人告訴我們不開心被額外收費，也覺得溝通方式不當，令我們承受很大的壓力。

我們的一位摯友，同時也是心像式治療大師班的講師瑪雅・柯曼（Maya Kollman）記得當時這些負面批評讓哈維爾很沮喪。以下是瑪雅的說法：

> 我覺得整個組織要瓦解了。年會的最後一天，我的座位就在麥克風旁邊，心裡既沮喪又洩氣，覺得無能為力解決衝突。這時哈維爾走來台上，很聰明地說：「有沒有人可以如實重述我的感受？」於是我湊近麥克風，如實重述他的感受。全部人都聚精會神看著台上的我們。此時哈維爾情緒反應很大，因為覺得在年會上被大家抨擊。
>
> 我是這樣如實重述：「你很難過，覺得自己付出那麼多，卻沒有人領情。」我愈是如實重述他的感受，他就變得愈柔和。當我包容他的感受時，只見他淚水盈眶。我是這樣包容他的感受：「你對這個組織投入那麼多心力，人家卻在抱怨，難怪你會很難受。（接著進入同理階段）我想你可能覺得被人誤解，心裡很受傷，也很失望。」
>
> 當我們說完之後，發現會場氣氛完全不一樣。不少人哭了。大家再度能夠理解不同人看事情的觀點差異，關係也變得更融洽。
>
> 我的心得是，每個人都從這次經驗中獲得療癒，也了解到大家對於收費新規定感到不滿，是因為宣布方式很獨斷。問題的根本是溝通不良。

從瑪雅的敘述可見，比起說「什麼」，「怎麼」說更容易出現溝通問題，導致人與人的關係惡化，讓生活與工作品質更不好。從這個很好的例子，可以了解到有兩種溝通方式，一種是垂直溝通，又稱為**獨白**；另一種則是具有安定效果的水平溝通，又稱為**對話**。只要兩個人願意藉由和好而非對立的方式談談彼此差異，化解差異造成的張力，就能修復他們的關係，恢復連結。正視對方，傾聽對方，尊重對方是不二法門，屢試不爽。如果你覺得在私底下或職場上和別人關係失和，可以試試看這麼做。稍後我們會再仔細說明。

造成人與人關係不佳以及社會失和的一個主要原因，就是對立，而對立來自排斥差異，像是排斥意見差異、種族差異、性別差異、宗教差異或政治立場差異，不一而足。事實上，人們必須了解，**自然界事物的最大特點，就是差異**。宇宙的特點就是差異。從最細小的粒子到最寬廣的星系，大自然沒有一樣東西是相同的。所有東西都是獨特的。

如果你想獲得一絲寧靜，對這個世界又有貢獻，就得學會對差異感到好奇，而且要學會尊重差異。如果想在社會上當個有建設性的一份子，就得接受這個事實，找出因應的方式。在這一章，我們除了教你如何與差異共存，還會教你超越差異——不論差異是什麼型態——讓你可以在私人生活、職場生活及社交生活中和人建立更好的關係。

在察覺並接受「異者」（otherness）的路上，有件事也許能讓你感到一絲慰藉：這不全是你的問題，大家也都會遇到。而要能夠做到不抗拒差異，有三個必須了解的重點：

1. **頭腦如何運作**。雖然你的頭腦的組織方法及運作模式與其他人並無二致，你的頭腦所知道的東西以及所思考的事物，卻是獨一無二。

2. **每個人的頭腦之所以獨特，是受到生命歷程影響，而且是從童年開始**。每個人學會用特定角度去看待事情，無一例外。其他人的生命歷程影響他們看事情的角度，自然沒辦法用我們的觀點看待。大家都有這個問題。每個人都被禁錮在自己的頭腦裡，只看得到自己的世界觀，也以為大家都有相同世界觀。如果其他人的世界觀不一樣，就會認為他們應該要和自己有相同世界觀。

3. **改變頭腦，就從對其他人感到好奇做起**。想要超越自我，體驗與人連結，捷徑就是發揮好奇心。只要敞開心胸去了解其他人是如何看待世界，為何如此看待，還有接納別的觀點，你就會掌握到各種看事情的角度，拓展現實的視野，也能夠改善和別人的關係。你的頭腦會往好的方面改變，前提是必須要有好奇心。

我們將它稱為**分辨力**，也就是正視、傾聽與尊重別人看事情角度的能力，即使不認同對方的想法。另一個意思是認同藉由分享自己的觀點去挑戰別人觀點，如同自己也會被對方挑戰。

我們的目的是要接受人與人不相同、也應當不同的事實，藉此創造新的意識與認知狀態。如果人與人毫無差別，會是多麼乏味？每個人都是獨特的，有自己的意見，自己的觀點、感受、夢想、渴望。與其期待甚至要求家人、朋友、同事或萍水相逢的人都要跟你有同樣心情與想法，你會發現尊重與理解他們會比糾正他們輕鬆得多，也更加充實。你會因此省下不少力氣，人生變得更有意思。

猶太裔哲學家馬丁·布伯（Martin Buber）在《我與你》（*I and Thou*）這本影響深遠的著作中提到，多數人都會用交易心態和別人相處，把別人當成實現自己目的的工具，這叫做「我與它」（I-It）關係。一旦和別人相處從交易型態改為變革型態，就會進展到「我與你」（I-Thou）關係，雙方會感受到互相尊敬，也會有意願協同合作，樂於付出心力讓對方成功快樂。[2]

我們鼓勵你用開放好奇的心態去面對看法和你不同的人。只要你願意以開放的心胸去認識不同觀點，就更有可能發現共同點，即便立場不相同。或者，你可以選擇擱置爭議，兩人即使有差異，仍然可以談話如舊，關係正常，你繼續抱持自己的看法，但你也必須讓對方繼續抱持他的看法。這麼做就會從「我與它」關係變成「我與你」關係，變得更有建設性，也更加充實。

我們的方法能夠讓你改善與人的互動，建立更理想的關係，不論是在私人生活、職場或其他社群領域。我們會協助你去發現這個充滿差異的世界，頌揚它，它只會讓你的人生更有意思，不會變得恐怖。尊重差異與多元將會帶給你更好的機會，人生也會過得更美好。

安全溝通法

安全溝通法最初是為了像我們這樣子的夫妻設計的。我們都是很堅持己見、也很獨立的人，自然意見跟看事情的角度不見得一樣。多數時候，我們覺得有差異是件好事，因為可以互相學習，但不時仍會因為差異起衝突，如同手持長矛比武的騎士。因此需要掌握一種技巧，讓雙方在衝突期間可以安全地保持連結，有效溝通，而不用大動干戈，更不用說戰馬盔甲了，它們也不是安全談話的法寶。

長年下來，根據在工作坊與門診接觸到上千對夫妻的經驗，我們改進了關係建立的技巧，旨在提出一種練習對話的方法，讓任何人都能放下彼此的差異，放心與人溝通，建立關係，哪怕是和家人、朋友、同事主管、顧客客戶、投資人，以及其他關係親疏遠近的人士。

安全溝通的技巧並不困難，時下容易讓雙方一言不合的話題，都能藉由這種技巧，舒緩劍拔弩張的態勢，讓衝突的雙方言歸於好，令連同你在內的所有人都感到更安全、更自在、更能夠接受看事情的不同角度。

我們的對話技巧能讓你學會：

- 講話但不批評別人
- 好奇傾聽且不評斷別人
- 跳脫差異與別人建立連結

我們的目標之一，就是要破除一種迷思，以為兩人關係出現衝突的時候，如果基於私人或工作需求仍想和對方保持友好，就非得退讓或避開正面衝突不可。沒有必要因為意見不合就消失不再聯絡。建議你逗留久一點，試著把衝突當作潛在成長的機會而不是威脅，也別讓它觸動要戰鬥還是逃跑的念頭。

衝突出現的原因，就是人與人之間有差異。前面提過，差異是自然現象，甚至是生命可喜之事，畢竟人類經過基因與智識上的演化，就會呈現差異。如果你把衝突當作成長必經之路，就不會因為別人看事情角度與你不同而生氣或覺得有威脅，反而能夠好奇為何對方會有這樣子的觀點。你和衝突的對方都可以期待找到辦法去互相理解，讓雙方變得更充實、更有智慧，情緒更好。

我們再次鼓勵你，放下拳頭，但不要退讓立場。大聲歡呼「差異萬歲！」讓差異變得有建設性，用你的好奇心去理解差異，借助差異的力量，讓人生更美好，也讓周遭其他人的人生更理想。人可以學習去頌揚多元意見，用更合作、更感同身受的方式去生活。你應該也寧願成長而非逃避吧？希望你能夠向別人學習，然後學會一起當個有同理心、有愛心的人，一起生活。

安全對話的四種技巧

人與人之間要做到互相正視、互相傾聽、互相尊重，就需學習與練習以下四種技巧：

1. 安全對話

2. 同理對方
3. 零負能量
4. 表達肯定

練習安全對話

回顧本章開頭瑪雅的往事，她在我（哈維爾）失控沮喪之際介入，把我一個人的獨白轉變成兩人的對話，對吧？我在說話，她扮演傾聽者，並且讓對話變得更安全且不衝突，最終讓大家的情緒更融洽，而非分歧不悅。

瑪雅的手法很高明，沒有受過訓練的人也許不知道，她是運用三步驟技巧創造對話，也就是重述對方所言、展現包容，與發揮同理心。三步驟技巧能夠讓對立的雙方感受到，雖然他們的想法不同，但都能被對方正視、傾聽與尊重。兩人會停止評斷對方，改為好奇對方為什麼會那樣想。好奇心取代敵意，才能讓雙方建立連結，進一步互相理解，甚至和平合作，也讓大腦運作得更好。

練習同理對方

同理心是一股療癒與增進理解的力量，可以創造安全的溝通空間，從而讓人理解為何別人會有那樣的觀點與行為，即使雙方的立場依舊不同。每個人的成長背景與經驗都很獨特，形成各自的性格，所以了解生命中和你有交集的人為什麼看法會與你如此不同，會多多益善。展現你的好奇，聽聽他們的故事，就會知道他們哪些歷程與你不同，哪些與你相似。當你對別人的態度很負面，你也會更有自覺，知道自己當下的反應，可能是受到童年往事的影響。

練習零負能量

想想看，如果瑪雅那個時候選擇責罵哈維爾，要他住嘴坐下，而不是和他對話，整個會議會變成什麼模樣？如果採取那種負能量，形同把一根點燃的火柴扔到一灘汽油上。你可能會覺得，「我得坦率面對自己的不同意見，總不能掃進地毯底下，不當作一回事。」這點我們認同！

負面的定義是什麼？很簡單，如果給其他人的感受是負面，就是負面，即便你覺得不是負面。對方說他感覺負面，也就是被貶抑，因為覺得自己的地位被貶低。如果他說是你造成的，你就必須立刻恢復對方原本的良好感受。

練習表達肯定

你有沒有過被人「利用」的感覺，也就是只有在達到對方的要求時，他才會重視你？順從他才會被他感謝，否則就會被忽視。或者覺得對方是因為你對他有用處，他才會尊重你？

會有這種內心獨白，其實很常見。比較少見的，則是尊重對自己「沒有用處」的人，也不會期待對方日後會帶給自己好處。

我們發現光是有同理心，零負能量，都還不夠，必須要再加上某個正面的東西。我們客戶要的，不只是維持正面的態度，而是要以行為展現處這種正面態度。

安全溝通法神奇之處，就在於讓你能夠有安全感，繼而用互相尊重的態度對話與傾聽。參與談話的人都會被正視，被傾聽，被尊重，所以是一種交換能量與訊息有效率的溝通方法。在這個架構下，安全感會出現。安全感出現後，就能建立連結，讓連結啟動合作，從而將衝突的負能量變成一股充實生命的活力，讓人感受到身為人的最初狀態，也就是和樂的朝氣。

第二部

第三章

結構式對話

以下是近幾年常見和政治相關的對話模式：

喬：你支持的候選人是個智障，會把國家給毀了。

查理：你才智障，你支持的候選人連自己開垃圾車收垃圾都不會。

喬：你這個白癡。

查理：你才笨咧，笨死了！

我們建議的改良對話模式如下：

喬：我想聽聽看你怎麼看待你支持的候選人。你覺得他的優點有哪些？

查理：你真的想了解我支持的候選人？

喬：我們朋友當這麼久了，我很尊敬你，所以才會想了解為什麼你會支持他。

查理：這樣啊，既然你認真想知道，不如喝杯咖啡聊聊。說不定就算我們最終無法達成共識，還是能從彼此身上學到東西。

想必連同你在內，大家都受不了談話充滿火氣。如果可以讓說話變成一種享受，不去批評別人，聽別人說話不做評斷，超越差異連結彼此，不是很好嗎？

透過安全溝通法這一種全新溝通模式，就能做到。這種技巧能夠確保你被正視，被傾聽，也被尊重。學會這種技巧之後，就算和別人的意見觀點都不同，也能有安全感，相處融洽，跳脫差異好好溝通。技巧不難，只要練習，就能改善各種溝通型態——例如分享經驗，表達感謝，說出自己的沮喪與憂慮。這會讓雙方甚至是多方有共識。

這種溝通新模式靠的是認真聽，好奇地聽，同理地聽。聽對方說話的時候，不去評斷對方而是展現好奇態度，就能建立兩人之間的安全感，讓雙方感到融洽，而非對立敵對。

我們立志要用這套融洽的結構式對話技巧，改變世界。有人覺得我們太樂觀，但我們覺得是時候讓所有人在談話的時候，能夠多為對方著想，變得更有成效。因此我們要發起全球性社會運動，目標是要讓二十五億人（二〇五〇年全球預估人口百分之二十五的人口）認識三步驟技巧，藉此改變談話的**方式**而非**內容**。如此一來，和任何人談任何話題都不會起爭執，也不會產生對立，反而會隨著談話的積累，建立深刻持久的連結。

光靠談話就要改變世界，可是不小的重擔。讓我們仔細瞧瞧，何謂對話式談話。其實很簡單，對話式談話就是在對別人獨白的時候，不是對著他說話，而是和他**一起**說話。

電視上深夜脫口秀主持人講笑話，或是電影演員說台詞，這些都是無傷大雅的獨白。但在談話的過程中，沒有人願意當個只被對方倒話的人。你一定有過類似經驗，以為自己在和對方談話，卻恍然發現對方只是在獨白，根本不打算聽你講話。你或許也該檢討，自己是不是就是那一種只說自己想說的，卻不打算聽對方說話的人！

你有沒有過這種感覺，發現對方只是想一吐為快，你是不是聽眾一點也不重要？獨白往往缺乏敏銳度，甚至有壓迫感。用獨白方式講話的人，多半自認高人一等，使得對話交流困難重重，只會讓人互相遠離，而不會凝聚彼此。聽他說話的人會因此感到不被正視，不被傾聽，不被尊重，地位不對等。如此一來，說話就變得很危險，這個年代尤其如此。

讓談話更有建設性且不針鋒相對

我們要用安全溝通法，挽救談話一再陷入對抗或者死胡同的局面。這不只是更好的溝通方式，更是與其他人建立連結的全新方法。

用流行文化打個比方，我們的目標是要讓談話變成像大賈斯汀（Justin Timberlake）那樣性感（或起碼像他的歌一樣），也就是要讓建設性談話重出江湖！要怎麼做？要透過有成效的討論、啟迪人心的談話、和諧的辯論、平和的協商，以及化解衝突。唯有如此，才能夠終結暴力，促進世界和平。對，就是這樣！目標不簡單，但這難到不是人類共同的夢想嗎？

我們深信，如果世界上四分之一的人口都學會安全溝通法，將會改變這種重視自我、競爭、掌控及贏者全拿的個人主義式文明。取而代之的，是一個以關係為重的文明，支持完整個人自由、人人社會經濟宗教政治平等、絕對的包容，以及頌揚多元。

那會是多美好的世界！

這項技巧有助於形成一種對話空間，參與對話的人不會改變、控制或宰制對方。技巧目的是要讓每個人都正視彼此，傾聽彼此，尊重彼此。技巧最基本的概念，就是兩個人或數個人輪流說話但不做評斷，傾聽但不批評，並且跳脫差異互相連結。

現在，來學習如何使用安全溝通法吧。這種技巧能夠讓人提升情感與心理福祉，雖然不算是治療，但很療癒，因為兩個人就算意見不合，也能建立良好關係，繼而提升情感與心理福祉。

介紹安全溝通法的同時，會提到間隔空間（Space-Between）的概念，它的意思是兩個人或數個人在互動時，彼此之間出現的能量地帶。安全溝通法可以讓這個間隔空間安全無虞，不會變成戰場，好讓人放鬆，與人連結，體現出輕鬆的愉悅。

最根本的是，安全溝通法會改變溝通模式，從為利付出的交易型溝通，改為付出不計回報的變革型互動。以合作取代對立。如此一來，你就會進展到下一個、更高境界的連結。隨著最終達到臨界點，你就進入另一個文明階段。

安全溝通法的基本原則

安全溝通法要求說話者與聆聽者遵照以下三個步驟：

1. **重述對方所言：**聆聽的人要如實回顧講話的人說的內容。
2. **展現包容：**聆聽的人要承認說話的人是有道理的，同時保持自己的立場。
3. **發揮同理心：**聆聽的人在感受說話的人內心世界的同時，必須如實同理對方的經驗，以及／或者如實設想對方的情緒。

這種對話架構，才是獲得正視、傾聽與尊重的不二法門，能夠促進安全感，繼而有融洽的關係。有融洽的關係，就能展開共同創造的過程，將衝突的負能量轉化為豐沛的生命力，以及輕鬆的愉悅能量。

熟悉這套技巧的架構後，就能夠隨性發揮，就像演奏家把讀譜的技巧練到爐火純青，就不再**思考**該怎麼讀譜，而是**直接**讀譜。

這套技巧會運用「句子填空」的方式來輔助三步驟流程，也就是一句話裡的基礎句接著一段空白，由講話的人自行補充。每個基礎句的規劃，都是要達到以下目的：

- 藉由可預期性與架構的建立，創造安全感。
- 談話不失焦，以利調節情緒。
- 消除負能量與對立。

- 調節思考與感受二者之間的互動，這是讓改變持續下去不可或缺的要素。
- 進一步掌握未曾透露的感受及想法，或是遺忘的記憶。
- 強化說話者與聆聽者的連結。
- 舒緩戒心，不再做反射式回應，改用有意圖且不失焦的方式回應。

預約談話

任何一種關係都必須尊重人際界線。但許多時候，人們會預設對方隨時有空，便直接開口（談自己沮喪、感恩的心情，或者拜託對方）。因此，安全溝通法的第一個關鍵技巧，就是預約談話，因為維持人際界線很重要。

這種「只接受預約」的原則，規定人必須**事先預約**才能和對方聊聊（私事、想法、心情）。在有事先預約談話的情形下，聆聽者才能好好傾聽，協助對方說話帶著更明確意圖。預約談話時，先提出這個基礎句：「方便現在跟你談談（指定主題）嗎？」例如：

方便現在跟你談談

……今天會議的狀況嗎？

……你的成績單嗎？

……爸身體差的狀況嗎？

……我對財務狀況的疑慮嗎？

……我想對你表達的感謝嗎？

此時，聆聽者應該會回應：「可以，現在方便。」如果他們沒有空，當然可以暫時婉拒，但還是需要告訴你後續二十四小時何時有空：「我現在不方便，但一個小時內可以。」

一開始可能會覺得事先預約很奇怪，但這麼做有幾個原因：

- **尊重人際界線**：人都是比較注重自己，往往預設其他人隨時有空聽自己講話。事先預約的規則破除這個假象，讓人開始把別人當「別人」看待，而非自我的延伸。據我們觀察，包括戰爭在內的多數衝突，起因都是違反彼此之間的界線。
- **保存能量**：有些人說話多半會滔滔不絕，結果可以預見。事先預約可以強化講話的意圖性與包容的肌肉（containment muscles）。
- **確認情緒完全投入**：人往往身體在現場，情緒與心思卻飄得老遠。事先預約能夠讓聆聽者在聆聽的時候充分投入，全神貫注。

約好時間後，建議說話者與聆聽者視線接觸，同步深吸三口氣。

視線接觸能夠讓言語交流的品質更好，這很重要，因為瞳孔的大小會讓對方的大腦做出不同解讀。大腦如果看到很大的瞳孔，會認為對方心胸「開闊」且「安全」，從而鬆懈戒心。如果看到很小的瞳孔，則會認為對方心胸「狹隘」且「危險」，於是變得更有戒心。[1]

瞳孔大能夠讓對方願意透露私密心情與想法，瞳孔小則會讓對方起戒心，說話會有所保留。一旦說話者和聆聽者雙方視線接觸，呼吸同步，腦子就會充滿氧氣，使得瞳孔放大，血壓降低。這時雙方會更有安全感，說話的時候會融洽，而非對立。

第一步：重述對方所言

前置準備完成後，就可以開始進行安全溝通法的第一步，也就是重述對方所言——意思是如實回顧說話者表達的內容、語氣及強度，盡量為對方著想，並保持敏銳，不需加油添醋，也不用強調任何內容。聆聽的人可以「一字不漏」重複對方的話，也可以改用自己的方式換句話說，任由說話的人決定。聆聽者應該要用說話者覺得話真的有被聽進去的方式，來重述他的話。

重述不只是需要聆聽的人練習一字不漏重複對方的話，或是練習換句話說。說話和聆聽的雙方都要建立一種特別態度，也就是帶著意圖與善意。聽起來很容易，其實並不簡單，因為連聆聽者覺得不重要、不合理或者與自己觀點迥異、會引起自己反彈的內容，都要如實重述。

許多人都渴望透過別人眼中看見自己，只是這樣的體驗很難得。聽到自己說的話被對方如實完整重述，還保留著情感底蘊，會讓你覺得聆聽者真的很投入，有在認真聽你說話。

藉由互相重述對方的話，說話者會意識到自己本來就有價值、很珍貴且討人喜愛。這就是我們想達到的目的：讓人覺得自己有被正視，有被傾聽，有被尊重。

重述雖然概念單純，但做起來不簡單，尤其是當雙方談論事情帶著情緒。讓我們回頭看看本章開頭喬與查理兩人的例子。

喬和查理從小學認識至今，是一輩子的好朋友，政治立場卻剛好相反。以前這沒什麼大不了，不會影響友誼，他們還經常鬧著玩地戳戳彼此，稱對方是「共產自由派」和「種族歧視的白人佬」。但隨著他們對公共事務看法差異愈來愈深，也愈來愈敵對，就不太再開這些玩笑。兩人好一陣子都忍著不願正面交鋒，但最後還是忍不住。

喬：你支持的候選人是個智障，會把國家給毀了。

查理：你才智障，你支持的候選人連自己開垃圾車收垃圾都不會。

喬：你這個白癡。

查理：你才笨咧，笨死了！

此時，衝突惡化到很可能讓兩人一輩子的友誼就此斷絕。雙方互相人身攻擊，讓間隔空間充斥負能量，要恢復很困難。現在，我們來示範如何用一句時機抓得精準的重述例子，去阻止反射式獨白發作。

如果查理不是去回應喬的發言，而是選擇重述他的話，會發生什麼事？

喬：你支持的候選人是個智障，會把國家給毀了。

查理：我理解沒錯的話，你是說我支持的候選人是個智障，會把國家給毀了。對嗎？

你覺得查理重述喬的話，會讓喬有什麼反應？很有可能除了張嘴表示驚訝之外，喬的回應也會變得戒心沒那麼重，像是：「對，沒錯！剛才批評有點重，對不起。你也曉得，我們的看法不同。但我真的很重視你的想法，你有空喝杯咖啡嗎，我們邊喝邊聊？」

重述對方的話，就是一種讓火氣冷卻下來的回應方式。

細部調整重述技巧

安全對話技巧除了一再重複說、聽、重述的循環過程，還包括更細膩的次步驟，能夠用來提升重述的影響力，強化對話方式。其實就是聆聽者在重述結束後，做出邀約性質的表述，像是：**我的理解對嗎？**

這個基礎句就是「確認正確性」。人的大腦很容易被內心的自我呢喃影響，透過確認正確性，更能夠把注意力放在對方身上。許多剛學習安全溝通法的人都發現自己不是很會聽別人講話。確認正確性可以確保聽到的內容與說出口的是一致。

有什麼想補充的嗎？

確認完正確性之後，緊接著是用另一個強大的基礎句表述，展現自己的好奇：**還**

這個提問顯現出聆聽者不只在聽，也對對方的經驗感到好奇，想要聽更多。好奇心也會讓說話者更有安全感，從而讓他更願意談更多，更深入地談。這就是安全溝通法的中庸之道。聽到更多內容也對聆聽的一方有好處，可以讓他更了解說話者的立場。

直到「再也沒有要說的」，正確性也確認過了，聆聽者就可以用自己的話總結聽到的內容。基礎句如下：**讓我確認一下，是不是完全掌握你說的事情。就我的認知，你提到______。你說的事情，我都理解正確嗎？**

安全溝通法的第一步驟：重述對方所言

說話者說完話後，由聆聽的另一方：

1. 重述：「如果我的理解沒錯，你的意思是……」或者「你想說的是……」
2. 確認有做到如實重述：「我的理解正確嗎？」
3. 提問展現好奇：「還有什麼想補充的嗎？」
4. 再次確認是否正確：「你提到的事情，我的理解都對嗎？」

重述時會遇到的挑戰及好處

有時候聆聽者不見得理解說話者的意思，可能的原因有幾個：

1. 聆聽者接收到的訊息不足，以致於難以理解說話者的立場。既然理解不夠充分，自然無法重述。
2. 聆聽者離不開自己的思緒與心情，沒有足夠餘裕去理解說話者要傳達的訊息。

不論是哪個原因，解決方式都相同：說話者需要多說，聆聽者繼續重述，直到聆聽者掌握說話者的意思，亦即接受到的訊息足以讓他如實重述。

如實聆聽與重述——不扭曲意思，不加油添醋——看似簡單，對親密伴侶來說不見得容易做到。多數人的這塊肌肉都不是很發達，心理與情緒難以應付。重述就是在訓練讓內心平靜（平息反射式的回應），聆聽對方的真正聲音。聆聽者要做到的事情不少，例如：

- 專心聆聽
- 情緒支持與協調
- 不批評，不評斷，保持好奇

- 願意暫時放下自己的立場，站在親密伴侶的角度思考
- 認知到有些事情給親密伴侶的感受，和給自己的感受是不一樣的
- 在還沒輪到自己說話的時候，能夠調節自己的情緒反應及言語回應

重述不容易的另一個原因是，要求人們提供對方自己不常得到的東西，乃強人所難，甚至不可能做到。但這是可以學習的。我們已經見證光是利用重述，就已經影響說話者與聆聽者如此巨大，也讓未曾被認真傾聽的人感動而泣。常話說，「聲音如果缺乏迴響，則會消逝」。

重述能夠滿足人們內心某種渴望，也就是期待被正視、被傾聽、被尊重，以及和人相處融洽。不論年紀大小，只要一個人重述另一個人的話，就是在告訴對方：「你很重要，我很重視你，所以願意聆聽，也願意去了解你。」同時會傳達一個訊息，那就是「宇宙中不再只有我一個人，我認知到你獨立存在，你的想法對我很重要。」

第二步：展現包容

安全溝通法的第二個步驟是展現包容。所謂包容，是指讓對方覺得獲得尊重，或

者認知到對方的想法意見都有意義。簡單來說，就是聆聽者讓說話者曉得：「你說得有道理。」

要展現包容，聆聽者就必須暫時放下自己認定的事實，改去認識說話者認定的事實。這不表示必須同意對方的看法，或是退讓自己的立場，而是雙方認定的事實可以同時存在。

根據我們的經驗，許多人覺得展現包容是安全溝通法中最困難的步驟。但這是所有步驟中最重要的一步，因為許多人太不常被別人包容，很少遇到對方明白表示他理解我們的感受。

太多人都擔心一旦理解對方的感受，尤其是在談有爭議的話題的時候，就表示自己的看法必須讓位。想想看，你是不是經常會聽到一個人對另一個人說：「你瘋了嗎！」或者「不要那樣覺得」或是「你說的沒道理」？

如果被否定的人是你，你會有什麼感受？你還會表示自己的看法、心情，繼續聊下去嗎？還是會因此住嘴、退縮、封閉？

每個人對於什麼是對的，都有自己的看法。既然每個人都如此不相同，又很獨特，不可能會有完全的共識。透過包容，人們就能學習平視對方的感受。

展現包容可以讓人進入對話夥伴的心靈避風港，瞧瞧裡面有些什麼，同時告訴對方兩件事：第一，我能夠理解你的感受（「你說的東西有道理」）以及第二，我為何能夠理解你的感受（**「我之所以能夠理解，是因為＿＿＿＿＿」**）。

讓我們一起重新想想看，喬和查理可以如何展開對話，來說明自己支持特定候選人的原因。兩人碰面喝咖啡，前置準備結束（預約談話，視線接觸，同步深吸三口氣），開始切入正題之前，說話者向聆聽者表達感謝之意，這麼做能夠事先讓間隔空間變安全。

查理：我很重視我們的友誼，我們一起經歷過許多事情，你是我最要好的朋友。

這時，換成聆聽者重述對方的話，確認重述是否正確，針對對方的感謝之意表示領情。

喬：你是說，你很重視我們的友誼，我們一起經歷過許多事情，你也認為我是你最要好的朋友，對嗎？

查理：沒錯。

喬：謝謝讓我知道你認同我們的友誼。

喬先是向查理表示感謝，接著請查理用「我」為主的句型，說明為什麼自己支持特定候選人。查理照做，兩人講話的時候，話中都不帶羞辱、指責或批評。

查理：我支持這個候選人的一個原因是，我覺得他會處理我們國家遇到的非法移民問題。

請注意，查理用「我」的句型表達意見，但並沒有抨擊喬，也沒有抨擊政壇對手。他也只挑一個議題談，就是非法移民。

喬：我確認一下，你的意思是因為你很擔心非法移民，而且認為你支持的候選人會處理這個問題，所以才會支持他。我的理解對嗎？

查理：沒錯。

喬：還有什麼要補充的嗎？

查理：有，我支持的候選人對這個議題表達強烈的看法，當選之後還會將它列入執政百日內的優先待辦事項。我真的很在意非法移民，我不是不同情那些追求更好生活的人，只不過擔心非法移民會讓國家愈來愈窮。我們國家連自己國民都顧不好了。

喬繼續重述對方的話，確認重述是否正確，詢問是否還有話要說。通常在重述的過程中，可以搭配另一個觸動說話雙方心弦的基礎句：「講到＿＿＿＿感受，讓我想起＿＿＿＿。」

當情感很強烈，也一再反覆出現，多半表示那個感受跟背後某個記憶有關。某些場合不適合勾起回憶，像是召開董事會。但如果是朋友與親密伴侶在場，勾起回憶就能更快理解感受背後的意義與情感。

查理：講到擔心我們國家變窮，讓我想起小時候家裡也是經濟狀況不穩定，什麼時候要被迫搬家或斷電都不知道。

就這樣反覆繼續重述、確認重述是否正確、詢問是否還有話要說，直到該議題「無話可說」為止。接下來，喬會先**總結**查理表達的內容，才進入展現包容的步驟。

喬：我確認一下是不是理解你的意思。你支持這位候選人的一個原因，是因為覺得他對非法移民的立場強硬，而你很在意移民這個議題的一個原因，是因為覺得非法移民讓我們國家變窮。但你並不是不同情那些際遇比你差的人，只是認為我們國家連自己的國民都照顧不好。而擔心國家變窮讓你想起小時候家裡經濟狀況不穩定，什麼時候要被迫搬家或斷電都不知道，我這樣理解對嗎？總結沒有錯嗎？

查理：沒錯，你的理解正確。

現在要換喬提出包容敘述。

喬：聽起來都很合理。你擔心非法移民會給國家經濟帶來壓力，尤其是眼見政府連自己的國民都照顧不好。還有，擔心政府財政出問題，讓你想起小時候家裡經濟不穩定。你認為這位候選人對移民表達強烈看法，所以有能力和國會一起應付這場危機，這也合理。我的理解對嗎？

查理：對，完全說對！還有，我倒是沒有想過可以把擔心政府財政出問題，歸結到我家以前經濟狀況不穩定。

展現包容確實是聆聽者給說話者的禮物，它能夠啟動某種逆轉流程，扭轉這輩子基於旁人（父母、老師、主管、朋友、陌生人）所說的話而否定自己的感受或目標。但展現包容不只對被包容的人是禮物，對給予禮物的一方也是如此。

安全溝通法的第二步驟：展現包容

說話者確認聆聽者的總結無誤後，由聆聽的另一方提出包容陳述：

「我可以理解你所說的，原因是……」

「你說得有道理。你之所以認為＿＿＿＿＿，是因為＿＿＿＿＿。」

展現包容時會遇到的挑戰及好處

在談話過程中向對方展現包容，可以說是安全溝通法中最困難的一步。大多數人都堅信「這個世界就是我想的那副模樣！」很難設想其他人的觀點也有道理，更不可能去認同對方，原因是擔心失去自我：**如果我認同你，而你的看法與我認知的事實不符，代表我可能不存在，或者沒有地位**。

這裡要再次強調，包容不代表認同。包容的目的是要讓你和對方察覺彼此相異之處，同時不帶評斷地接納差異，因為差異就是現實。目的是要用對方的真實模樣看待對方，而非用你期待他的模樣看待對方。

如果聆聽者無法理解說話者的觀點，我們會鼓勵照著流程做，繼續提問以獲得更多資訊。這也是為什麼我們會建議先從簡單也沒有爭議的議題開始練習，以利聆聽肌與包容的肌肉更加強壯。

被包容的感覺能夠扭轉基於過往個人印象而否定自己的感受、目標或想法。

此外，對展現包容的一方來說，他也得到禮物，因為可以對從來不認識的世界無拘無束地展現好奇，同時學習捨棄世上只有一種正確看法的觀念。再者，展現包容會為安全溝通法最後一步做好準備，這一步即是發揮同理心。

第三步：發揮同理心

重述的目的，在於如實回顧說話者傳達的訊息。展現包容則是去掌握並理解說話者感受的「事實」。至於安全溝通法的第三步，即發揮同理心，則是練習感受別人的心情，設身處地，想像他們經驗中的世界模樣。同理心就是敏銳察覺對方感受到的情緒。如果對方情緒並不明顯，就要從他們的話語聆聽出背後的心情。

發揮同理心往往緊接在展現包容之後。我們再用喬和查理的例子來說明。

喬：這樣聽起來滿有道理，查理。你擔心非法移民會給國家經濟帶來壓力，尤其是眼見政府連自己的國民都照顧不好。還有，擔心政府財政出問題，讓你想起小時候家裡經濟不穩定。你認為這位候選人對移民表達強烈看法，所以有能力和國會一起應付這場危機，這也合理。我的理解對嗎？

查理：對，完全說對！還有，我倒是沒有想過可以把擔心政府財政出問題，歸結到我家以前經濟狀況不穩定。

喬接著進入第三步：發揮同理心。

喬：這樣的話，可以想見你是在意我們國家，為我們國家擔心。

（喬接著要確認同理心敘述是否有誤）

喬：你的感受我有說對嗎？

查理：不完全正確。

喬：那可以請你再說一次，或者告訴我哪裡不對嗎？

查理：我的確是在意我們國家，也為我們國家擔心。除此之外，我也在意非法移民會如何影響到我和孩子的未來。

喬：也就是說，你在意和擔心的不只是非法移民會如何影響我們國家，還有影響到你自己和你的孩子。你的感受我說對了嗎？

查理：沒錯。

完成三個步驟後，說話者感謝對話夥伴聆聽，聆聽者也感謝說話者願意分享，兩人接著握手或擊掌，如果覺得自在的話，也可以輕輕擁抱對方。再來，兩人角色互換，新的說話者謝謝新的聆聽者分享他的觀點，接著兩人針對談論的議題說明各自看法或經驗。新的說話者不能批評或否定對話夥伴剛才說的事實，必須著重於陳述自己的觀點，否則在間隔空間營造出來的安全感，將隨即前功盡棄。

喬的確有可能看法不同，像是覺得非法移民的起因，是美國政府插手擾亂其他國家，難民才會需要逃難，所以解決非法移民問題必須要靠美國減少對其他國家的軍事干預。而之所以會讓喬產生這種過度干預的觀感，也許是因為這件事讓他想起自己生長在獨斷的家庭，經常挨老爸的打罵。

對話的目的不是為了說服對方接受自己的觀點，而是要以尊重的態度讓對方明白自己的立場。經濟不穩定和獨斷行事，這兩種憂慮並不衝突。經過一番對話，喬和查理可能會了解到，儘管雙方對移民問題的處置看法不同，還是會有交集，均認為確實有個待解決的問題或危機。兩人對「如何處置」意見不同，但都同意「什麼問題必須處置」。這就是共同創造與協作的基礎，同時也能夠讓雙方袪除引起負面感受的親身經歷。

安全溝通法的第三步驟：發揮同理心

包容的陳述由說話者確認無誤後，就可以用以下這個基礎句向說話者表達同理心：「從你剛才說的話，可以想見你或許覺得＿＿＿（使用情緒字眼，如受傷、沮喪、失望、孤獨、如釋重負、輕鬆……等等）。」

1. 接著確認同理心有沒有表達得正確：「是不是這樣？」或「你的感受我說對了嗎？」
2. 鼓勵分享其他感受：「還有其他感受嗎？」

發揮同理心時會遇到的挑戰及好處

發揮同理心和安全對話法的其他作用一樣，能改變人的內心：透過對話，重建連結，恢復和樂朝氣。同理心能夠讓人分別看待行為和行為人，分別看待對方說的內容和對方這個人的真正模樣。

但發揮同理心並不容易。當對話的一方或雙方都心理受創而且怒氣當頭，必須跳脫自己的經驗，置入對方的經驗，才能設想對方的感受，更不用說要去體會對方的感受。要說話者表達與確認自己的感受，的確不容易，但發揮同理心的困難，往往落在傾聽者身上。

例如，傾聽者可能會：

- 在心裡面評斷說話者的感受。
- 因為引起對話夥伴的痛苦情緒而感到內疚。
- 受制於文化與社會化經驗，對展現強烈情緒感到不安。
- 深怕自己深陷另一方的傷害苦難，特別是如果自己也有類似的痛苦經驗。

即使如此，透過安全溝通法，人們還是可以克服這些困難，先從傳遞正面訊息做起，接著靠諄諄善誘，不斷練習與時間醞釀。說話者與聆聽者也需要仔細觀察呼吸與思緒，才能在談話過程中感到安全無虞，必要時應該暫停，重新調整自己的狀態。

安全溝通法的優點

安全溝通法想達成的目的既不平凡，又很遠大。每一個步驟——重述、包容、同理心——都是讓說話和聽話的雙方掌握某個無形之物的絕佳契機，這個無形之物即使有錢也買不到，也就是差異性與連結。

雖然安全溝通法通常可以讓雙方取得對話交集，但交集不是對話的目的。真正的目的是要充分理解二者共存的觀點。

一旦明白自己感知的侷限，變得更好奇，就會發現原來世界這麼大，處處是機會。安全、好奇與尊重的談話，就是成功的談話。

只要照著安全溝通法的規則做，加以練習，就能恢復人與人的連結。這套技巧是驅動變革的引擎。道理就像滑雪，滑雪要滑得好，得勤於鍛鍊使用的肌肉；想要讓感知與溝通全面改觀，也必須老實地練習安全溝通法。

學會技巧後，將能運用於各種場合，例如讓人際互動更融洽、交換資訊、商議艱難的妥協、表達不滿……等等。

安全溝通法的阻力

我們在傳授安全溝通法的過程中，最常遇到兩大反彈：

1. 沒有人會這樣講話！
2. 這樣要花太久時間！

沒有人會這樣講話！

經常有人覺得我們的方法架構很僵化，講起話來不自然，甚至生硬，所以很抗拒。會這樣想沒有關係。架構的確是很死板，但背後是有用意的。

不論是學會計，寫程式，打籃球，學新語言，或者拉小提琴，都要持續練習才能精通。所有技能都要靠不斷學習和反覆演練特定行為，直到內化為止。

只要開始練習安全溝通法，你就會愈來愈不排斥它，它會隨著練習變得沒那麼造作，顯得更為自然。此外，如果雙方談話不帶有太多情緒，確實只靠重述的步驟也能達到有效溝通，不過若要做到不只是溝通，而是進一步的交融，就必須三個步驟都做。

這樣要花太久時間！

你可以把安全溝通法當成是繞遠路，藉此更快抵達目的地。使用這個技巧的時候，花的時間或許是久了點，但整體而言會更有效率，不會因為小小的不如意迅速導致局面失控，陷入冗長與忿恨的沈默。一開始這麼做的時候，可能會覺得不自在，很乏味，但如果想克服和客戶、同事、朋友、家人及其他對象的意見不合，這麼做是必要的，會讓人感到謙遜，而且煥然一新。

第四章
對所有人發揮同理心

發揮同理心是身為人類最重要的連結技能，也就是有能力去理解其他人的感受與觀點，並且內心有所共鳴。但在如此對立暴躁的年代，這種能力似乎變得很稀有，看法不同的人不僅不試著互相理解，找出交集以利解決歧見——或者避開歧見——反而互相攻訐。

這之所以是個問題，是因為人類從古至今能夠繁榮，以及個人能夠快樂有成就，都是非常倚賴人際間的連結、溝通、互動、合作與共存。

發揮同理心則是給人際關係與人際互動帶來安全感。理性思考雖然能夠讓人理解別人說話的意思，但同理心才能夠讓人辨別言語背後的心情與意義，也能夠察覺沒有說出口的靜默意義。

發揮同理心要先從表示好奇與疑惑開始做起，這樣會讓聆聽者覺得你尊重他的感受及看法，就算你的感受與看法並不相同。一位領袖要能夠成功——特別是民選的政治領袖，以及企業組織領袖——必須要有辦法理解對手的立場，才能藉由妥協合作，取得對方的支持與配合。

非營利組織 Catalyst 在二〇二一年針對八百八十九位員工進行研究，結果顯示同理心會帶來多項好處，包括創新、參與、留任、包容力及工作生活平衡。報告指出：「我們發現，員工在創新、參與及包容力等方面的表現，同理心的影響是一個很大的關鍵。在危機時刻尤其如此。簡言之，具備同理心是當前職場工作必備的條件。」[1]

研究還發現，「在這個變動成為常態的世界，科技革命已經徹底改變了工作」，受訪員工想要應徵的公司，都是企業領袖與管理層願意體諒員工遇到困難，能夠給予彈性遠距工作選擇，以及注重種族平等與包容。[2]

以我們夫妻兩人來說，我們很早就發現不應該預設對方知道自己的索求。我們需要花時間發揮好奇心，問對方問題，傾聽對方，去了解彼此需要從對方獲得什麼。這個道理適用於各種人際關係，也突顯出同理心的重要。

前面提過，安全溝通法起先是為了因應我們在交往之初遇到爭執而開發，著重於協助其他夫妻學會有效傾聽。在接觸一對關係陷入難解僵局的夫妻個案的時候——姑且稱呼他們為棠恩與亨利——我們這才發現同理心真的很重要。

棠恩不滿亨利一直以來不注重她的想法，還變本加厲地說她沒有道理。兩人前來諮商的時候，主要是在爭執要讓兒子去哪裡上大學。他們沒有共識，也不關心兒子的想法。

吵到最後，兩人發覺不能這樣下去，需要有人協助他們做決定，因此來找我們。這是好事，不過當時在兩週內就要做決定，因此必須在有限時間內解決夫妻兩人經年累月的溝通問題。

於是我們建議採用安全溝通法，他們也很快就投入其中。事實上，他們是我們最早實驗這套技巧的一對夫妻，雙方都很聰明，也辯才無礙，只是很難把對方的話聽完。因此非常需要靠我們來調控對話。

試了幾次之後，講話總是咄咄逼人的亨利，總算能夠如實重述棠恩的話，讓她覺得說話有人在聽。只見她潸然淚下，說「我這輩子第一次覺得說話有人聽進去」，讓亨利很意外。

接著換她照著亨利強力主張的特定大學優點分析，重述他的話。棠恩也是試了幾次之後，才做到讓亨利覺得有如實重述他的話。不過，亨利沒有因為話有被聽進去而情緒有所觸動。

對亨利來說，他的話有沒有被人聽進去，不是重點。他在意的是自己的意見是「正確的」。因此棠恩在下一回合包容他的觀點，說「我能理解你的看法」的時候，亨利以為會獲得她的支持。於是我們多花了點力氣，讓亨利曉得棠恩「理解」他的想法，不等於「同意」他的想法。這對亨利在下一回合包容棠恩有幫助。就像棠恩說過的，亨利也表示「我能理解你的看法。」不過，在我們沒來得及介入，要他不要繼續回應的時候，他又說：「但妳也曉得，只有瘋了才會那麼想。」儘管棠恩瑟縮了一下，我們還是引導她重述他的話，不要像以往那樣反射式回應。

陪著棠恩和亨利走過包容與同理階段之後，我們深深體會到同理心就是認知到別人也會對他們自己在談的事情有所感受。

亨利按照我們的指示對棠恩說：「可以想見當我不認同你的看法，又說你瘋了的時候，你會覺得被侮辱，甚至很生氣，可能也會難過，覺得不被支持。」我們請亨利凝視棠恩的雙眼，對她說：「你是不是這樣覺得？」這讓棠恩的情緒深深被觸動。

就在亨利提到她可能會有的感受的時候，棠恩全身開始顫抖，最後開始啜泣。在她整理好情緒之後，亨利靠近她，握住她的手。她說：「不知道怎麼回事，彷彿黑暗被光明取代了。」棠恩望著亨利的雙眼說：「這是我人生第一次被人重視。」劇透警告：在他們打破僵局，恢復融洽後，他們決定讓兒子自己決定要去哪裡讀大學。這才是正確決定。

有了這次諮商經驗，我們更想將同理心納入夫妻關係治療過程，也做了許多研究，針對很多對夫妻做實驗，結果讓我們深信必須將同理心納入安全談話流程的一環。

這確實是整個流程所有步驟中最強大的連結互動。隨著日後將工作拓展到公共領域，開始和學校企業等組織合作，我們又發現如果老闆對員工說話有同理心，或者員工對老闆及同事說話有同理心，整個環境會變得清新安全，生產力大增。

多年的經驗告訴我們，任何地方任何情況都適合發揮同理心，因為這完全符合人性。

同理與同情的比較

同理和同情不一樣，但時常被混為一談。這兩個概念有四個細微卻重要的區別。理解其中區別有助於有效溝通，並且維持良好的人際關係。

1. 影響程度不同

同情包含憐憫或哀傷的情緒，同情他人表示你也會有對方的情緒，像是如果朋友很難過，你也會感到難過。同理則不一樣，就算你不難過，還是可以理解對方很難過。

同理心又常被稱作「感同身受」，著重於理解對方的感受與立場，以及願意去理解的態度，會暫時跳脫自己的感受，去設想對方的感受。不過終究只是設想，永遠也無法徹底掌握對方的感受。因此同理心既包含知道的層面，也包含不知道的層面。

同情心的拿捏不是那麼容易，特別是當你並不熟識對方，因為在表達同情的時候，往往是基於某些預設。例如，卡洛琳得知同事雪柔從管理職被降級到低階職位時，特地約她吃午餐，跟對方說替她感到難過。

雪柔卻說：「別這麼說，我很開心。事實上，是我主動提議離開管理職，因為我女兒再一年就要高中畢業，去外地讀大學，我想盡可能多陪她。」

這個例子顯示卡洛琳的同情回應雖然初衷良好，結果卻有所偏誤。如果換成同理的角度，卡洛琳也許會先問雪柔覺得職位異動讓她有什麼感受，接著才預設她該表達同情。掌握同情與同理的影響程度不同之後，我們要來看看它們第二個重要差異。

2.認知扮演的角色

人在發揮同情心的時候，往往會不假思索（不經過前額葉皮質處理）陷入對方的情緒。同情反應通常是無意識且不經由認知中介。人的情感會自然而然與其他人的情感相融合。同情反應是不經過計畫的，而是一個人在面對另一個人的強烈情緒時會自行顯現。

相對的，同理心是意志的展現。人在發揮同理心的時候，是選擇試圖理解對方，藉由認知調節情感。固然會感到同情，但不會與對方的情感相融合或擅自代入對方的感受。同理心既是與對方連結，也是與對方分化。

卡洛琳用同情方式回應雪柔，就是一種立即且非刻意的感受表態，顯示對她的關心與支持。卡洛琳預設這位朋友需要有人安慰。但如果是用同理方式回應，則會更體貼，變成可能是先問朋友：「職位異動給你什麼感受？」「我可以怎樣協助你，讓工作轉換更順利？」「你的家人對這件事有什麼感覺？」

同理和同情都是一樣強烈的情緒，但同理的定位更廣，會處理對方不見得應付得來的各種面向，像是：「這對我的長遠職涯會有什麼影響？」，或者「這對我的退休計畫會有什麼影響？」

發揮同情心的時候，一個人的自我會與對方情緒更緊密融合，以示支持。發揮同理心的時候，這個自我會在認知的作用下，維持在分化狀態，以利用更深刻的感受與理解來和對方連結。同理心會促使對對方的認識保持在既分離（經由認知）又連結（經由情緒）的平衡狀態。

卡洛琳從雪柔的反應可以得知，這位同事其實很開心責任減輕，讓她有更多時間和女兒相處。假如一開始卡洛琳就用同理心去回應對方，就會察覺雪柔真正心情是什麼，而不會一味以為自己了解對方的感受。

卡洛琳大可以讓自己的感受和雪柔的感受相分離。也因為認知扮演如此獨特的角色，由此產生第三個同情與同理的差異，這個差異攸關人際同情關係與同理關係的本質。

3.人際運作方式

同情心的運作方式是由上而下、層級式的展現。同情者立於主動，接受同情的人處於被動。言下之意就是，不論是憐憫或關心，同情都是「賜與」對方。

相對的，同理心較為水平與雙向。同理者只是陪伴對方，尊重兩人共處的空間地帶。同理關係會委婉詢問問題，有建議，有讓步，這樣才有可能更準確掌握對方的需求，繼而打動對方的心。

同理者要放慢自己，把自己的想法擺一邊，安靜下來，才能掌握對方的主觀狀態。有了這種接納新資訊的感受性，聆聽者便能踏上探索對方本質的深刻旅程。

聆聽者因此能夠敞開心胸去面對各種新發現，了解對方真實的面貌。情感與資訊的交流會使得能量強烈雙向流動。體會過能量交流的人都說，此時兩人之間的間隔空間會感覺很神聖。

只要尊重這個間隔空間，就會發現它藏有尚未實現的潛能，以及生命根本之謎，讓兩人邁向互相理解，即使看法不見得完全一致，甚至全然不同也沒有關係。這個由接觸到連結，再到互相理解的移動過程，讓第四個同情與同理的差異呼之欲出。

4.共同轉化

同情心很難造成說話者與傾聽者的改變，因為它的本質是階層式的，也是單方面做預設，單方面融合。同理心則不同，它會成為意義、整合與轉化的旋轉門，往返不斷。

要得到全新資訊與嶄新理解，靠的是一種溫和的推拉關係。說話與強調的舉動，本身就是說話者為自己和為對話夥伴「創造意義」的方式。

神學家奈兒．莫頓（Nelle Morton）將這種互動稱為「互相聆聽話自現」（hearing each other into speech）[3]。當一個人用同理的方式聆聽另一個人時，對方會發覺自己可以用新的詞彙描述自己的感受。夾處在兩人之間的神聖與鄭重地帶，於是成為資訊的繁衍地，並且如潮水般規律湧現對於兩人關係以及對於自我的新發現。

如果你能夠盡心傾聽對方表達他的情緒，也許就可以從他的人生中發覺一些線索，幫助自己更理解這個人的立場，從而減少溝通衝突。

舉個例子，珍妮佛與凱西是兒時玩伴，經過十多年兩人重新聯絡上的時候，早已成為人妻，而且住在國內不同地方。然而，他們發覺這段失而復得的友誼，恐怕會因為互相對立的政治立場而深受影響，其中最主要的歧見在於對墮胎有不同看法。

珍妮佛的立場是支持女性有墮胎決定權，凱西則是主張保護胎兒生命權。以前兩人年紀還小，從來不會去談墮胎議題。所以當他們發現彼此立場如此不同時，大吃一驚。所幸兩位女性都很有同理心，會盡力去理解對方的立場，並且了解是什麼樣的經驗與感受促成這樣子的立場。

經由聆聽與分享的往返過程，層層抽絲剝繭，逐漸讓兩人對彼此有了新的認識，像是得知對方小時候的種種經歷。

同理心會鼓勵我們挖掘內心潛藏的思緒與感受，讓它們能夠安穩浮出檯面。同理心還能夠讓說話者構思、表達並分享從來沒意識到、也沒透露過的想法心情。安靜傾聽讓說話者與聆聽者的心胸都更加開闊，也徹底改變。

由以上差異可以知道，同情心往往是人在看到對方陷入困境時會有的原始反應，同理心則是更為成熟的反應，需要倚賴更活躍的前額葉皮質活動、更強的意識，通常也需要刻意練習。也難怪同理心是關係研究中晚近才出現的概念。人類同情的本能經過時光的淬煉，結合更優秀的大腦處理能力，總算催生出同理心的概念。

同理心與安全溝通法

使用安全溝通法時，一大困難是去接受互動對象的差異性。如果不接受對方的差異性，就無法真正連結。同理心能夠讓人認識不屬於自己的意識，促使他去接受其他人不同於己、世界觀也因此會有差異的事實。

因此，任務就是探訪對方的世界，設想他們會有什麼樣的感受，經歷過什麼事情才會有這樣子的感受，以及感受的背後是什麼心態。同理心讓人得以發現參與自己人生的其他人，和他其實是有差異的，繼而反省，辨明意義，再將新的認知併入意識之中。

透過同理心的提供與接受，就會發現對方生命中有某些線索，能夠讓我們與他同感。隨著敞開心胸，好奇傾聽對方，說話時不字斟句酌，人們得以感受彼此脆弱的一面。安全溝通法則讓人在增進互信理解的同時，練習把脆弱的一面化為力量。

這樣做會讓包容與安全的領域不斷擴大。藉由互相展現同理心，雙方都能放心表露脆弱的一面，即便了解對方的經歷，也不去評斷與歸類對方，讓他呈現他的真正樣貌。一旦奠定安全精神，雙方就能小心翼翼走出高牆，用言語表達未曾訴說的思緒心情，向彼此展現更真實的自己。

同理心可以讓人真正聽到彼此的聲音，因為有了接受的能力及安全空間，話語會流暢自如。聆聽者宛如霧中明燈，團結的路標，能驅使說話者勇敢踏進陌生可怕的地帶。同理心促使人質問且發掘潛藏的故事，讓它們在破壞我們的關係之前獲得訴說並得到理解。

最後，同理心是促進成長與療癒所不可或缺。如果我們願意敞開自己脆弱的一面，就有機會以同理心回應彼此的傷口。這種相連結的情感體驗會激發我們採取行動。

同理心會驅使說話者為了別人而走出舒適圈。這需要很大的勇氣，因為聆聽者是敞開心胸真正傾聽。互惠感能縮短有歧見的雙方之間的距離，療癒讓他們不合的傷口。

經由同理產生的連結與對話，就像是新長出來的皮膚緩慢逐漸讓傷口癒合，也可以用來治癒斷裂的關係。同理心讓人開放，讓人探索，讓人傾聽，讓人治癒，讓人變得完整。

一旦帶著同理心去傾聽，就是用情商與連結角度去面對，不是從疏離且批判的角度去面對。同理心雙向流動的時候，看到的不會只是對方的情緒，更會理解對方，遠離衝突。

全新同理意識

同理心這個詞是這一百年出現的，被視為心理治療的一個重要過程。由此可見，這個概念的散布或許意味人類本性當中有個持續發展的意識。

我們身處的世界邁向全球對話的同時，同理心也在新的意識發展過程中持續扮演要角。這個新意識的重點，就是感受人心，傾聽理解且不評斷，以及學習真正交融的學問。

同理心是人類天生且特有的反應。人們應該了解自己的同理能耐，竟然可以發揮如此強大的力量，會引起哥白尼式的典範轉移：宇宙不再是繞著我們轉，而是變成更寬闊的軌道，裡面除了有我們，還有宇宙中的其他人。

每當你對一個人說話、聆聽他、與他有同感，而且過程中不去評斷他，就是在經由一個又一個人改造這個世界。我們在點明人與人之間確實的連結，也持續打造比當下更安全的居住世界。改變的力量早已握在我們手中，讓我們為了自己也為了世界採取行動吧。

第五章

練習零負能量

你現在已經知道，安全溝通法萌芽於兩位作者婚姻的初期困境，藉由診治其他夫妻個案而臻於成熟。零負能量的概念則出現在二十年後，當時我們瀕臨離婚，律師都請了，只差沒做最後決定。

由於雙方的感覺都還不是很明確，於是決定休戰一個禮拜，一起去約會。為了避免約會期間起衝突，便安排兩人都有興趣做的事，這樣就不需要做決定。

我們都喜歡逛圖書館和書店，於是決定去看書，而且是去紐約市一家大型書店。由於我們的婚姻關係很不平靜，通常去書店都會把注意力放在婚姻、心理學或心理治療那一區的書籍，看看有沒有什麼方法能夠改善婚姻關係。然而那天我們卻改去逛占星術那一區。

兩人都認為，既然都不熟悉這塊領域，大概可以相安無事。瀏覽架上書籍的時候，突然發現一本寫給夫妻看的占星術，書很厚。好奇心驅使下，便抽出來，席地而坐，翻頁尋找我們的星座。

我們都不是很相信這門深奧學問，所以是用消遣不認真的態度在讀，直到發現裡頭有一節在講我們兩人星座（處女座與水瓶座）之間的關係。當時心想，挺有意思，只不過覺得用星座來解釋兩人的人生和關係，實在引人發噱。

文章先是說明兩人各自的星座性格，多半準確。這讓我們更好奇了，於是往下讀，讀到處女座與水瓶座的兩人之間會是什麼關係。

結果，我們對這本書的態度，從原先的嘲諷轉為吃驚認同，說到我們心坎裡了。那段改變我們人生的內容段落並不長，印象中是說處女座與水瓶座夫妻在相處上會很激烈，而且是負面的，往往會不斷地挑對方毛病。

讀到這裡，面面相覷，難道有人在暗中觀察我們？儘管占星術不是我們習慣的知識來源，這句話說得倒是不錯。

需要好好消化這件事才行，於是逃離書店去吃午餐，一邊用餐，一邊談論這個沒有科學根據的內容提供的意外啟示。在談論過程中，我們做了幾個決定。

首先，海倫提議去書店買月曆，每天只要誰說了負面的話，就要記下來，然後把那些日子打個黑色的叉。如果一整天下來都沒有人說負面的話，就打個紅色的勾。

其次，我們決定給兩人九個月的時間觀察自己的負面狀況，再決定婚姻走向。第一個月每天都是打黑叉，第二個月有進步，有些日子很正面，打紅勾。第三個月，有一整個禮拜沒有打黑勾。最後總算一整個月都沒有打黑勾。

正面趨勢持續下去，到了九個月結束，發現有連續三個月都是正分，顯然很有希望！於是我們不離婚了，決定為這段婚姻再次努力，並且在新年前夕舉辦一個小型但完善的續婚儀式，邀集兩百五十位賓客參加派對。續婚派對是在一個能夠俯視哈德遜河的房間內舉行，恰好新年前夕煙火秀也是在哈德遜河施放，所以我們就把這場城市慶典當成是為我們慶祝。

想一想，我們的婚姻也經歷過絢爛的煙火，何不乾脆展開雙臂，享受煙火為黑暗帶來的炫目光芒？是夜，我們承諾要保持零負能量，這也是婚姻能夠幸福走到今天的原因。

原本以為這個做法只適合我們夫妻倆私下練習，不適合其他夫妻。但畢竟它帶給我們太大的改變了，顯然所有夫妻也應該適用。我們發現，人與人的關係要好，必須注重維持一個特點，也就是安全感，而安全感與負能量明顯是互斥的。

秉持這個認知，我們把零負能量的概念列入夫妻諮商過程的重點，後來更納為理論核心，傳授示範給全球各地參加訓練課程的心理治療師。如果關係要好，零負能量有絕對的必要。

零負能量是安全溝通法系列中的第三個訣竅，也就是不在日常交流時奚落對方、辱罵對方、翻白眼、做出其他侮辱行為，也不怪罪或批評對方。我們當初決定要為彼此這麼做，也建議大家不論在什麼場合——職場上、在教會、玩耍時、課堂上、國會殿堂裡——凡是屬於人類生態系，都要這麼做。

這是理所當然的，畢竟辱罵貶抑日常往來的同事、主管、客戶、夥伴等人，怎麼可能和他們有效溝通，建立穩固的關係？

負能量是人際關係緊張的主要原因。研究一再指出，負能量會讓人憤怒憂鬱，憤怒憂鬱則會抑制人體免疫系統，讓人更容易生病且會折壽多達十三年。[1]可見負能量明顯是人類特有的互動功能失調，也是一種慢性大流行病，比過去所有病毒的危害更大。

綜觀社群媒體貼文，或者播客及廣播談話性節目——甚至是在工作會議及晚宴場合——經常看到或聽到不同立場意見的人互相指責辱罵。

場面可能也往往變得很難看。自由派攻擊保守派是種族主義份子、菁英主義份子。保守派則辱罵自由派是「自由弱智」。反墮胎份子抨擊支持墮胎者為「殺嬰兇手」。支持女性墮胎權利的人批評支持嬰兒生命權的反對人士為厭女派、宗教狂熱份子。甚至以前視為具有正面意涵的字詞如「覺醒」（woke，表示對身邊的不公不義有所意識）和「政治正確」，遇到當今粗暴對立的政治環境，也都被濫用，以及當成攻擊與辱罵別人的詞彙。

這麼做完全沒有好處，負能量只會引起焦慮，讓爭辯討論更加憤怒衝突。這個道理大家都懂，但受到威脅時就是克制不了糟糕衝動會去反擊。被老闆批評工作缺乏成果時，會讓人很想回嗆：「你就是什麼事都要我做，然後功勞全攬在你身上。」

人與人互動要做到完全沒有負能量並不容易，這一點我們知道，但如果你真心想要在職場、組織與熟人圈內與人好好相處，建立交集，那麼這是值得追求的目標。為什麼負能量無所不在，而為什麼消除又是如此困難？

這些都是很好的問題，腦科學研究可以提供不錯的解答。擁有這方面的知識將有助於在落入負面情境的時候，認識自己也認識對方。

數千年前，人類當時的生存環境不像現在有安全感，社會毫無規則可言，也沒有警察這樣的人負責規範人與人該如何相處。人類當時活在險惡的環境，處處潛藏危險，上至野獸，下至其他部族的人類。

這種危險環境使人腦跟著演化，發展出「負面偏見」（negativity bias）。大腦認定生存才是主要目的，因此實在不能認定路上迎面而來的動物或人都是友善的。[2]當時一做錯決定，人就會變成獵物。所以最保險的回應方法，是預設最壞的結果，直到危險跡象消失，才會接近彼此，一起用餐、捕獵或玩耍。

雖然人類社會現在已經建立各種安全機制，如警察、郡治安官、軍隊，預設的負能量卻始終還在，必須時時靠人們管理。換言之，你有負能量的問題，其實不是你的錯，而是大腦要保護你。

知道這一切不代表我們有藉口不設法進步。保護自己的最好方法，就是利用安全溝通法，把人與人的差異說出來，接著合作尋求雙贏。

做宣誓

負能量是有毒的，會破壞安全感，從而破壞人際關係的融洽。消除所有人際關係當中的負能量實在太重要了，我們建議你進行零負能量宣誓，讓你專注用正面積極且親切的態度待人。

一旦談話再也沒有負能量，也沒有負面態度，就能夠更有效率應付困難棘手的事情，因為「負」荷不再過重。

以下是宣誓範例：

謹在此誓言，未來三十天內我和所有人的關係，以及和所有人的談話都不准出現負能量，與人互動時也不准出現會讓人感覺被奚落、對溝通沒有幫助、或者刺痛別人的話、語調或肢體語言。

如果對方的回應給我負面感受，讓我覺得自己會被傷害，我將立即委婉提示對方我覺得被奚落。接著，我會依循重建連結的步驟，恢復安全感，再次與對方連結融洽。

署名＿＿＿＿＿＿＿＿

日期＿＿＿＿＿＿＿＿

反制負能量並重建連結的零負能做法

萬一經常往來的同事、主管或其他人在和你談話的過程中，對你施加負能量，該怎麼辦？被人奚落輕視的時候，覺得受傷、有壓力、感到威脅都是正常反應。如果要讓溝通有成效，關係不被破壞，就必須修補裂痕，找回連結。

如果你覺得自己被對方施加負能量，以下是幾個因應方針：

務必回應

不要以為對你口出惡言的人都知道你不開心。有些人的態度一直都很負面，甚至對此渾然不覺，不見得知道自己說話很傷人，還以為自己說話方式很正常，是你太敏感。

有些人缺乏同理心，或者沒有能力判斷被冒犯的人的反應。所以務必要讓這種人曉得他的負面評語太過分，但不需要用反擊的方式，也不需要唇槍舌戰。

我們不建議你直接批評對方態度負面，通常這麼做沒有效果；反之，我們建議你用第一人稱口吻婉轉釋出訊號，像是「哎唷，這話說得也太狠了吧！」、「我覺得你說得有點過分」，或者「我覺得這樣說對我不公平，我們可不可以保持正面？」

為了讓對話的兩個人有安全感，釋放這種訊號很重要。你必須承認心裡確實受傷了，或者察覺到什麼不對勁。同時必須讓對方知道，他的話很傷人。這樣雙方的對話才不會持續負面。

人與人在交往或互動的過程中，難免會出現負面態度，不論是刻意如此或無心之過。這時候就要謹記負面偏見的教訓：沒有人能夠完全掌握或者知道身邊其他人要什麼。人的大腦會獨立運作，以利遵從最主要的任務指示，也就是確保人安全無虞地活下去。所以我們需要努力建立良好關係，以便在人與人有歧見時能夠和解，互相療癒，朝更正面方向前進。

遇到別人批評時，你的大腦會根據本能告訴你該怎麼反應，所以你得非常有意識地建立安全感。只要懂這個道理，也謹記在心，就更能夠以正面態度回應，使談話溝通更有成效。

用自己覺得有效的方式重建連結

兩人互動不佳的時候，建議可以這麼做：

1. 跟對方提議重來一次。你可以告訴談話夥伴：「負能量對我們兩個人都沒有幫助，不如再試一次。」暫停談話，讓心休息一下，接著重來。但這次要設法讓談話更正向。

2. 重述並請對方用更正面、更不傷人的字眼說話。「如果你不滿意我的表現，請給我一些建議，讓我的表現更好，不要批評我。」或者：「我知道我們對這件事情看法不同，但還是建議去互相理解對方的立場，正面看待，不要互相批評。」

3. 提出重建連結的做法：「我們休息一下，找個地方喝咖啡，想辦法解決我們之間的歧見，不要僵持不下，好嗎？」

4. 利用安全溝通法表達心情：「我發現我沒被邀請的時候，心裡很難過。我是不是做了什麼事情讓你不開心？」

5. 贈送禮物，或是改變行為模式。例如：雙方誠摯道歉、做三件事情向對方表示謝意：寫一張字條，交換禮物，一起吃飯；或者只做其中兩件事也行。

將挫折感化為訴求

如果覺得對方帶給你負能量，還有一個因應的方式，那就是善用所謂的挫折對話技巧（Frustrations Dialogue）。這個技巧很重要，所以要用本章接下來的篇幅仔細說明。

我們發現，如果將內心的挫折感化為訴求，就可以消除負能量且保持零負能。可以自己一個人做，也可以設計一套流程，和其他經常互動往來的家人、主管、同事等人一起做。

以下是能夠讓你整頓挫折感，避免負能量的簡單範例：

琳達習慣把家裡整理得井然有序，但十幾歲的女兒茱莉不是。於是兩人吵來吵去，琳達會說些負面的話，像是：「亂七八糟！搞成這樣，能住嗎？」可以想見女兒會怎麼回應。總之，茱莉沒有因為這樣就一夕之間變成愛乾淨的小女生。

琳達發覺需要採取另一種方法，避免在家和她起衝突。為了整頓內心的挫折，便邀茱莉去她們喜歡的比薩店，母女一起吃頓晚餐。琳達一邊看著茱莉吃著愛吃的鳳梨比薩，一邊向她道歉，說自己不該罵她，也不該說她房間很糟糕。

「你也曉得媽媽的習慣，我習慣把房子弄得整齊乾淨，這樣心裡才會覺得踏實安心。但你似乎覺得這不重要，所以我才會很挫折。就算如此，我不打算跟你吵下去。你有沒有辦法讓我減輕心裡的挫折感，也讓我們的關係保持良好？」

茱莉說：「有辦法。」

琳達問：「要怎麼做？」

茱莉說：「別進去我的房間！不進去就眼不見為淨，你就不會很挫折。」

琳達這時運用安全溝通法，重述她的話：「你的意思是，不要進去你的房間就看不到有多亂，是嗎？」

「對。」

琳達說：「謝謝你的提議。但我覺得不可行。就算我看不到有多亂，我還是知道裡面很亂。」

「我懂你的意思，但有一個解套的好方法。不到六個月後我就要高中畢業，接著幾個月後會去上大學，我不在家的時候，你想每天整理我的房間都行，我也沒辦法把房間弄亂。我知道到時候妳會想我，說不定還會懷念我邋遢的生活習慣。我也會想你，甚至會懷念你那一絲不苟的整潔習慣。但現在就好好珍惜彼此陪伴的時光，好嗎？」

兩人於是休兵，再也沒有出現負能量。琳達不去茱莉的房間，因為她知道幾個月後說不定還會開始想念女兒，還有她那亂糟糟的房間。

這就是兩個人利用安全溝通法協同合作消除負能量的簡單範例，不爭吵，不互相批評，而是找到更建設性的做法。但他們的做法比較偏向聊天，沒那麼正式。在此，我們提供另一種更為結構化的對話型態，以因應更複雜的情境。

挫折對話技巧是一套流程步驟，讓你表達自己的挫折感，並向對方提出訴求，以確保有安全且正面的互動。流程由各種基礎句組成，並且依照以下三個步驟進行：

1. 提議會面，以便向對方說明自己內心的挫折感：「可以現在跟你聊聊我的挫折感嗎？」
2. 用行為角度扼要闡釋期待能夠消失的挫折感：「報告交出去幾個禮拜都沒有得到意見回饋，這讓我很挫折。」
3. 提議有哪些方法可以讓挫折感變成正面改變的契機：「如果我交報告你卻沒辦法立刻給我意見回饋，希望你可以發一封電子郵件給我，讓我知道你已經收到報告，並且告訴我你哪一天會給我意見回饋。」

即使照著結構式對話進行，如果談話中的兩個人或數個人因為看法不同、目標也不同，對話還是有可能會失敗。原因是大多數人不知道自己要什麼，只知道內心感受很差，希望感受變好，卻不知道如何說明可以讓感受變好的行為內涵。他們比較有可能告訴你他們不要什麼，因為他們最在意的是讓不自在的感受消失。

指出問題和把錯歸咎於別人都很容易，扛起責任合作利用巧思解決問題則困難許多。這個狀況可以理解，但如果不把能夠改變感受的具體行為說清楚，就很難消除內心的不自在。

要有個安全空間地帶去設法解決問題，就必須先營造安全感，要讓大家覺得「雖然我們立場不同，但必須團結一致。」

將挫折感化為盼望改變

再說一次，運用挫折對話技巧的時候，要先由你提議會面，會面可以是正式的，也可以是不正式：「我想和你聊聊我心裡面的挫折感，你什麼時候方便？」重點在於約定明確時間，雙方也都要遵守。能預期事情發生，就有助於建立安全感。

會面的時候，要客觀陳述自己的挫折感，不要語帶批評。如果批評對方，談話的重心就不會是挫折感，而會變成對你的批評展開防禦。

以下是不帶批評的挫折感陳述範例：

「我是你的主管，發現你回覆我的電郵都很慢，這讓我很挫折。」這是說明事實，沒有涉及對方的性格。

從對方的角度，可以這麼說：「你是我的主管，我理解你的看法。但我常常為了要處理你在電子信件裡面的提問或工作指示，必須放下手邊工作，而當這些工作沒有準時完成，你會給我不好的考績。這讓我覺得很挫折。」

這時候，對方就要用安全溝通法重述你說的話，並且表示有認真傾聽，知道你為什麼很挫折。如此一來，安全感和連結都能順利建立，讓雙方有進一步合作的基礎。

接著，由你建議對方可以怎麼做，以減輕你的挫折感。這會讓局面從負面變得正面，遠離衝突，邁向融洽。此外，不要抽象表達感受，而要具體表達行為。如果你的訴求很抽象或很含糊——例如，「我想要被尊重」——對方就會代入他們想到的具體做法，但這個做法通常會與你期待的相去甚遠。

以下是一個具體做法範例：「我只有一個訴求，那就是請你收到我的電子信件時立刻回信告知已收到。你不用放下手邊事情去回答信中提問，或者處理我的工作指示。只需要讓我知道你把它放在待辦事項就行。」

從你的角度，則可以這麼回應主管：「我可不可以簡單告知已收到你的通知，然後繼續做我的手邊工作，這樣才不會為了回應你的提問而打斷原本正在處理的事情？但我會在二十四小時內答覆你。這樣可以嗎？」

你的訴求務必要永遠正面且具體。切勿要求對方不要怎麼做，也不要使用極端字眼，像是始終和從來沒有。

訴求要合乎 SMART 的五個要點，也就是明確（Specific）、可衡量（Measurable）、可實現（Attainable）、有相關（Relevant）、有時限（Time-bound）。

其他能夠將挫折感化為訴求的零負能量方法

我們知道你多半沒有時間，也不太需要正式進行挫折對話。在這個情況下，你也可以改成運用安全溝通的某些觀念，來改變與人互動的氣場。

在職場

假設某個同事不理睬你，或者不想和你接觸。與其覺得反感，然後說負面的話表達不滿，像是「為什麼把我當空氣？」不如態度正面一點，提出訴求或是善意的提議，例如：

- 「我有注意到你把工作做得很好，可不可以提供一些建議，讓我也能把工作做得更好？」
- 「你工作似乎很有效率，都能準時交差。希望請你給我一些指導。」
- 「你比我還會應付老闆的要求，可以跟我說你是怎麼辦到的嗎？」

在社交場合

你可能不滿表妹老是遲到，不滿光棍朋友又要約去酒吧喝整晚，或是不滿姊姊帶兩條狗來家裡作客，卻放任狗隨便坐在客廳沙發。遇到這種情況，你可以這麼說：

- 「如果我們約在餐廳見面，但你會晚到，可以請你打給我或傳簡訊給我，讓我知道嗎？」
- 「我覺得下班後約在酒吧喝酒好幾個小時，會讓我的身體負擔太大。還是我們改約在體育館一起健身？」

「我很喜歡你這兩隻愛爾蘭獵狼犬，但如果我們見面時你要帶著他們，最好還是約在有戶外座位的餐廳，不要約在我家。」

記住，學習明確提出自己想要什麼，這樣才能讓人際關係從負面轉向正面，也會讓對方能夠有效回應你的期待。只要把挫折感化為委婉但有力的訴求，就更容易成功。

為了達到這個目的，以下有幾個建議：

1. 說話語調要溫和，姿態舉止要和善。
2. 眼睛要溫柔注視對方，讓對方曉得你會保持正面態度。
3. 說話要言簡意賅，不要漫無邊際，也不要說教。
4. 提出可以實踐的訴求。這很重要，如果你說「我想要被尊重」，即便這是你的目標，也不是可以實踐的訴求。必須向對方提出更明確的訴求，才會既符合自己的目標，也讓對方有辦法實踐。例如：「我希望可以和其他團隊成員一起參加你召開的晨會。」
5. 記住，如果用非正式談話方法無法達到零負能量的目標，還是可以改為運用挫折對話技巧。

大笑抵銷負能量

最後，就像本章開頭我們的故事給的啟示，多年來我們發現克服負能量以及建立人際關係安全感的一個絕佳方式，就是儘量保持幽默，不要過度拘謹。大笑確實是應付許多狀況的最佳良藥。

人生會因此過得更加有趣，也更健康。

第六章

練習表達肯定

韋恩是研究員，經常和不同作家配合，幫助他們寫書。有一天，他接到某個暢銷作家來電，表示自己在寫下一本書，需要他的協助。

作家說：「韋恩，我合作的出版社編輯一直跟我提到你，說你應該是這個領域最厲害的研究員。我想跟你見面談談下一本書的合作事宜。我這幾個月都會待在斐濟一個朋友家，你可以搭飛機過來嗎？不會花你太多時間，大概就見面聊幾個小時，然後你就可以搭飛機回去。我想說的是，我真的很欣賞你的才華，也很感謝你願意花時間，所以一定會好好把握這次會面。」

韋恩住在美國佛州，聽到這裡就在心裡撥了算盤：單趟飛到斐濟要二十小時，回程也要二十小時，來回機票需要四千美元。就只是為了要和對方會面兩個小時？況且這個有錢的暢銷作家沒有提到酬勞，也沒有表示會幫他支付前來第一次會面的相關費用。

於是他告訴作家：「很感謝你想找我合作，我也很願意和你合作，但如果我飛到斐濟和你會面，我的差旅費用可不可以由你負擔，也請你支付相關酬勞？」

作家沈默好一會兒，最後說：「這樣啊，謝謝你花時間和我通話，但這個要求實行有點困難。再見。」

韋恩心想，好個尊重我的時間和才華呀。

你是不是也有過被人利用、被人濫用的經驗，感覺自己只有在按照對方意思做的時候，才會被他尊重？是不是覺得自己被對方操縱，一旦對方達到目的就把你扔到一旁？

「我只是她的一支棋子。」

「他只是想利用我幫他做事。」

這種內心嘀咕並不少見。沒有人喜歡被別人利用。然而有些人就是喜歡控制、操縱別人，把與人的互動當成是種交易，而且擺出一副「這對我有什麼好處？」的態度。

相較之下，就算和你互動沒有好處，但還是會尊重且欣賞你的人，這種人則比較少見。這個世界上有沒有一種關係是不計較互惠與期待，而且是無條件的？我們認為有。

當初把零負能量列入安全溝通法的第三個技巧後，我們覺得工具已經齊全，足以讓人恢復並保持關係融洽。就算人與人之間有隔閡，應該也不需要額外技巧來恢復連結，靠著結構式對話、同理心與零負能量就夠了。

但從客戶運用安全溝通法的意見反饋得知，只靠同理與避免負能量還不夠。許多客戶都覺得需要再加上一個能讓談話與關係保持正面的技巧，卻又不純粹是態度保持「正面」即可，而必須是公開主動地表現出來。

這些客戶想要的技巧，是能夠讓觀點不同的人真正覺得被尊重、被肯定，從而能夠放心交流。他們要讓對方知道他們尊重他，也欣賞他，而且是發自內心而非站在交易的立場。

基本上就是要讓看法和我們不全然相同的對方曉得，他們不需要認同我們的看法才會得到我們的尊重。就像家長會說自己無條件愛自己的孩子，同樣道理，我們談的是一種「簡易」版本無條件的愛，可以把它想成是「無條件的尊重與欣賞」。

因此，我們決定將「表達肯定」納為安全溝通法的第四個技巧。事實證明，這是不可或缺的技巧，這個步驟使整個流程臻於完善，從而讓人能夠和不同想法意見的人建立連結，恢復連結，維持連結。安全溝通法的神奇之處，在於讓人有安全感，所以能夠在互相尊重的前提下對談傾聽。這是能量與資訊交流有效率的溝通方法，交流的任何一方都會被正視、被傾聽、被尊重。

這個架構讓安全感得以建立，有了安全感，就有連結。連結會激發合作，使衝突負能量化為成就感、人生充實感及喜悅。

安全溝通法基本上就是肯定的過程。聆聽和重述（「我確認一下自己理解是否正確」），表達好奇（「還有什麼要補充的嗎？」），展現包容（「你的看法很合理」），以及展現同理（「可以想見你會有什麼感受」）——這些也都是表達肯定的行為。

我們深信，不論是表達肯定的一方，或是被人肯定的一方，都能從中受惠。當你肯定別人的時候——例如：「你今天表現真的很好！」——就是在運用一部分大腦，將肯定的念頭化為語言。這時，你彷彿也會被自己肯定。所以表達肯定就像是迴力鏢，拋出去送給別人，最後會回來送給自己。你也可以想像它是一個源源不絕的禮物！

字義解析

肯定是名詞，也是動詞。它是一種對別人展現的姿態，也是一種讓這種姿態發揮作用的言語陳述或行為表現。做為名詞，**肯定**係指承認另一個人的價值來自他本身的存在，而非因為對方對你有用。肯定也是針對另一個人所做的事實宣告，像是正面陳述或正面評斷，旨在激勵對方，或是提供情感支持。

做為動詞，**肯定**則是一種行為，也是一種技能，需要練習向對方說出肯定用語，以便建立被肯定的狀態。相關用語其實不複雜，例如：

「你很棒。」

「你很善良慷慨。」

「你的看法一直都很有意思。」

「你的觀點很獨特。」

肯定（affirmation）的意思和**欣賞**（appreciation）不同。所謂欣賞，是針對某人做的事情給予正面回應。**肯定**則是承認某人應該被認可尊重，但原因不是因為對方做了什麼，而只是因為對方存在。肯定不是建立在感受或行為，而是建立在承認對方具有固有價值。

肯定是無條件地接受另一個人，頌揚差異。而要做到頌揚差異，就必須展現好奇，接納差異，同理對方的經驗，並感謝對方的存在。

肯定的步驟

以下是表達肯定的步驟，每個步驟會加深肯定程度。

我承認你的存在，你和我不一樣，你不被我的觀點定義。
我認同你的存在，也認同你和我不一樣。
我很感謝你存在，也感謝你和我不一樣。
我欣賞你的存在，也欣賞你和我不一樣。
我肯定你的存在有價值，不論你對我有沒有價值。
我支持你的存在，也支持你和我的不同。
我仰慕你做你自己，仰慕你的本質，也仰慕你和我不一樣。

由此可見，肯定是不帶期望的，自然也不會失望。沒有交易，也沒有互惠，自然不會後悔，也不會有不好的回憶。肯定別人的時候，要從對方會有什麼感受出發，不要根據你自己的需求所建立的期待。

要完整地肯定對別人，必然有所犧牲，你不能繼續當被害者角色，盡說些讓人自責的台詞，例如「你怎麼可以這樣對我？」也不能繼續當使人消沉的迫害者角色：「算了，我來做就好。」或者貶低人：「你老是做不好。」或者輕蔑人：「你很噁心。」

如果要肯定別人，就不能再和他鬥智，不要再說「你看我為你付出這麼多」或者「你真的很不可靠」這種話。肯定別人的時候，就不再是想要獲得什麼，而是能夠付出什麼；不再是怨天尤人，而是心存感恩；不再是空虛，而是圓滿；不再是回顧過去，而是展望未來。你要展現出耐心、善良、信心、謙遜、好奇，聆聽但不評斷，說話但不批評。

不論在職場上、組織裡、會議中或Zoom遠距視訊，肯定別人就是要認同他，支持他，就算你們立場不相同。你得承認對方表現不錯。你會把內心挫折感化為訴求，與人正面互動，讓事後回憶是正面的。肯定別人，就是不能不耐煩、不善良、心存嫉妒、自吹自擂、愛比較、自負狂妄、粗魯無禮，以及易怒。

表達肯定能使事情推動得更順遂

艾德是醫療業科技顧問，經常與外科醫師和位高權重的醫事人員打交道，這些人對新科技有些排斥，經常不願意聽他介紹網路醫學檢驗及病患遠端監護等遠距醫療新科技。就算新科技證實能夠改善他們的作業流程，病患的滿意度也高，他們總推託自己太忙碌，沒空接受新科技培訓。事實上，艾德有時還得靠一些身為「醫師擁護者」的醫生幫他說服他們，因為醫師講的話比較聽得進去。

艾德說：「我發現應付這些很聰明、有主見且固執的客戶，必須很有技巧，不能在他們很抗拒的時候太躁進，也不能批評他們。讓他們願意嘗試新科技的最好方法，就是在各個階段肯定他們。我跟他們說，他們事業能夠有這番成就，是因為掌握醫學知識，而這些新科技能夠讓他們繼續成長，讓事業持續順遂。」

從艾德的例子可以知道，使用肯定的字眼能夠讓人更有效率管理負面互動。避免使用負面字眼，避免批評，避免採取防禦措施，讓你和別人互動相安無事。多一點鼓勵，多一些肯定，讓事情保持正面且更容易接受。

肯定的字眼不只會改善你和別人的關係，也不只會讓你互動的對象感受良好。科學已經證實，隱含在肯定當中的感激之情會讓你心情更好，也更健康。[1]畢竟肯定字眼是向溝通的另一方表達感謝、認可對方的方式。

愈常肯定別人，會愈喜歡和別人正面互動。而最好的肯定方法，就是無條件肯定。

以下藉由某個研究例子做說明。

記得對屬下說「謝謝」的主管，會發現屬下更有動力認真工作。賓州大學華頓商學院研究人員將大學募款工作人員隨機分成兩組，一組按照原本方式打電話向校友募款，另一組則在另一天募款，並安排年度募捐計畫主任在募款前特別向工作人員信心喊話，感謝他們的付出。結果隔一週發現，聽到主任致謝的大學員工打的募款電話次數，比沒有聽到主任致謝的人多了百分之五十。[2]

你的影響力

常言道，不要小看自己的影響力。不論你是不是站在領導的位置，只要給別人肯定，這番鼓舞作用是會被對方銘記在心。誠懇表達肯定對你而言不難，卻能大幅度提振對方的自尊心。多數人都會記得上個月、甚至多年前得到哪位有影響力的人士稱讚，而且往往每個字都記得。

海倫與哈維爾現身說法，分享被肯定的經驗

讓我們分享自己的例子，談談我們是如何受惠於別人的肯定。

海倫：

我的父母生了四個小孩，最年長是大哥雷伊，其次是姊姊茱恩，我排行老三，年紀最小的是絲婉妮。大姊和小妹個性外向，清楚自己想要什麼、需要什麼，我的個性比較內向，比較不願意表達自己，也不太透露自己的感受。

我和大哥雷伊長大後，他有一次跟我提到，他很早就發現我的姊妹比我還會索求別人的關注，所以特別留意我，不時會確認我的狀況。我們的父母很忙碌，在絲婉妮出生後請了保母來照料日常起居，但是除此之外並未特別關注我們幾個孩子。

身為長子，雷伊自發當起我的監護人，在成年多年以後向我舉例說明，有一年的萬聖節，我們在社區挨家挨戶要糖果，他確保要到糖果後，不會全部被外向的姊妹拿去，我也會拿到該拿的一份。

這只是一件小事，但對我意義重大，因為我常覺得自己不如懂得表達自我的姊

妹。他們人很好，這一點無庸置疑，也被公認為很有成就的女性。但雷伊提到照顧我的這件往事，讓我覺得自己的獨特性也有被尊重，有價值，而且很美好。

哈維爾：

我這一生遇過兩大肯定，而且改變我的人生。第一次是幼年和姊姊住在農場的時候。我的父母在我六歲前就已過世，他們生的九個孩子——其中三個年紀介於六歲到十三歲——需要有人監護。另外六個孩子已經成年，也成家立業。家住附近的叔叔打算把年紀最小的三個孩子送去孤兒院，結果被我的姊姊們阻止，改由各自分配帶到家裡照顧。

我年紀最小，被送到最年輕的姊姊和姊夫家和他們一起生活，儘管當時他們經濟拮据。當時她才十八歲，剛結婚不久，和丈夫兩人住在喬治亞州某個農場上自給自足。我還記得她一邊幫我收拾行李，準備和她回家，一邊跟其他手足和想把我送去孤兒院的叔叔說：「絕對不能把哈維爾送去孤兒院，永遠不行。」

後來我十三歲準備上高中的時候，住在離農場十二英里的小鎮史戴茲柏洛的另一個姊姊要我過去和她一起住，這樣才能去上附近更好的學校。她對當時和我住在一起的姊姊說：「哈維爾這個孩子很優秀，很聰明，我要確保他不會步上我們的後塵，得要賣命為別人工作，窮困一生又沒受教育。」

多虧姊姊深信我的潛力，肯定我，我才會接受正規教育，最後讀到芝加哥大學神學院博士，也才能夠成為大學教授、心理治療師和作家。

就在家人給我難忘的肯定許多年後，我又被某位女性大力推了一把。這次是發生在我們寫給夫妻看的《得到你要的愛情》這本書出版之後。出版社的行銷團隊把書寄給許多媒體，其中一本送到歐普拉脫口秀節目的執行製作手上。

我們事後才曉得，當時執行製作陷入感情低潮，沒有心情為這本提供夫妻建議的書製作節目。但她的男友讀了這本書，要她給歐普拉看。結果這位家喻戶曉的脫口秀主持人讀完後很喜歡，邀請我上她的當紅節目，更按照我們的夫妻治療計畫，做成十七個節目段落在日後二十年陸續播出。

我永遠不會忘記歐普拉有一次是如何肯定我們的。當時我們剛拍完其中一個夫妻工作坊，要分成兩個節目段落連續兩天在她的節目播出，歐普拉突然拿起書來到攝影機前，手指著書，告訴電視觀眾：「這是我讀過最好的兩性關係主題的書，請你現在坐下來，記下書名，去附近的書店買來看。」

後來的發展眾人皆知，這本書十一度榮登《紐約時報》暢銷書排行榜，三十年後推出第三版，更暢銷逾四百萬本，且持續不墜。歐普拉對觀眾說的話，既代表她欣賞這本書，也肯定這本書。她欣賞這本書給她自己的感情生活帶來影響，從而願意進一步肯定我們兩位作者的努力。

我們舉了四個不同年代的肯定例子，而且對我們或對家人來說，意義都很重大。其中三個例子來自關愛的家人，肯定的字句是針對我們說出。第四個例子則是來自名人，話是對著全球觀眾說。

不論你是影響力和歐普拉一樣大，或者只是一個充滿關愛的手足、朋友、同事或熟人，你的一言一語都具有難以想像的份量。把握機會去肯定身邊的人，不論對方是團隊成員、你的手足、你的孩子、鄰居或是素昧平生的人。但更重要的是，切勿忘記肯定你自己。人們經常在努力善待他人的時候，忘記同樣善待自己。

用行動展現肯定

最後，除了言語，別忘了還可以用行動表達肯定、善意、愛與風度，這麼做甚至會比言語更有力量，也更深植人心。在與人交往的時候，透過行動向對方表達肯定與關愛，會有助於建立安全感及正能量。關愛的行為會讓對方曉得你重視他。例如，你可以先想想看要怎麼做，才能讓職場某個同仁感覺自己受重視、付出是有意義的。例如可以送他一杯咖啡，在大型專案幫助他，或是約他吃午餐。

另一個用行動肯定對方的方法，是出其不意以隨性舉動讓他曉得自己被重視。有些人不喜歡意外狀況，所以使用這個方法必須謹慎，不要做得太誇張，不需要去請泰勒絲來唱歌給他聽。使用這個方法應該遵守兩個原則：

1. 必須不只讓你自己開心，也要讓對方有驚喜。
2. 驚喜必須是隨性且出其不意。

驚喜可以是泰勒絲演唱會門票，或是對方喜歡的餐廳或服飾店禮券。如果只是在同事桌上放個相框，也可以。

從我們兩人在書店一起研究那本夫妻占星術的書可以知道，和對方一起做有趣的事情有助於打破關係藩籬，也能夠讓溝通相處不再緊張。做法包括一起看好笑的電影、在公路旅行途中一起聽喜劇播客節目，或是暫停開會一起去博物館或動物園逛逛。重點在於做安全且大家都樂在其中的事情，以便打破隔閡，凝聚彼此。

很多人因為經驗而認為工作是嚴肅重要的事情，片刻都不能愉悅玩樂，所以可能需要花點力氣說服這種同事、親人或客戶，要他們放輕鬆。事實上，人除了賺錢和追求成就以外，享受他人的陪伴也是讓人獲得安全感與滿足感的重要因素。

仔細想想，道理不難理解：當你被別人美言幾句，感受到別人的友善行為，或者和對方從事好玩的事情，壓力似乎就會消融於無形，也為生活找到一絲喘息的空間。你會變得比較不焦慮，感覺更健康也更快樂，甚至會覺得自己被**肯定**！

第三部

第七章

間隔空間

我們的朋友卡莉・邁爾斯（Carlee Myers）擅長安全溝通法，同時也是壓力輕公司（Stress Less Company）的創辦人。最近她跟我們提到輔導某個客戶兩年的經驗。姑且稱客戶為湯姆，她在那段期間幫助湯姆進步不少，但後來湯姆決定不要續約一年接受她的輔導。

他告訴她：「我不想續約，到此為止。我已經參與輔導兩年，不想再繼續了。」卡莉表示，聽到湯姆這樣說，內心起先有些不安，更浮現那個在遇到壓力時總是會出現的負面聲音，也就是「我不夠好，我的服務沒有價值」，即使她多年來提供客戶一對一輔導服務是成功的。

卡莉真心認為繼續輔導一年對湯姆會有好處，不過她沒有立刻這麼跟湯姆說，而是先退一步檢視她和客戶之間的間隔空間，也就是讓她缺乏安全感的地方，而就是這種不安全感必須先被清除，才能專注在下一步怎麼做對湯姆才是最好。

她說：「我大可以根據我從業的角度反駁他，向他說明理由，讓他曉得必須繼續接受輔導，不想輔導是錯的。不過，當他告訴我這個決定的時候，我並沒有這麼做，而是重述他的話：『我聽到你說的，你覺得輔導課程已經滿足你的需求，繼續接受輔導也不會有所成長。』」

湯姆聽了之後表示：「不盡然如此，雖然我剛剛確實是這麼說。還是有些地方是需要加強，也想要進一步成長。」

卡莉指出，他們的談話接著變得更有溫度，重點沒有放在推銷湯姆續約一年輔導課程，而是放在湯姆認為怎麼做對他個人以及他的日後發展最好。

「重點就在連結，我想他可能覺得有人正視並理解他的憂慮與對未來的想像，最後決定繼續上一年的課。」

清除路障

許多人和卡莉一樣，都有情感的包袱，會影響面對事情時的反應方式，以及如何和別人互動。欠缺安全感、基於過去經驗而陷入負面情緒，都是情感的包袱。

這個狀況其實很常見。如果以前老師說你當不了律師，也許你就會把這句話當成一種挑戰，督促自己去取得法律學位。但日後當你和客戶合作時遇到問題，可能就會想起老師說過這句話，覺得「老師說得對，說不定自己不夠格從事這個行業」。

內心揮之不去的疑慮和恐懼，可能是一種阻礙，也可以是進步的動力，有時兩者皆是，取決於當下狀況。人都是背負過去活向未來，大腦會預設以前發生過的事情，未來也可能發生。只要出現特定狀況，不安感就會發作。所以要有意識地摒除負面念頭，繼續往前走，以便能夠過著盡善的人生。

卡莉發現內心會浮現自己不夠好、無法提供足夠價值的想法，是因為湯姆決定不繼續接受輔導所引起的，而我們這位朋友也很有智慧，會先退一步承認自己確實內心缺乏安全感，也認知到這個狀況會給她和湯姆的互動帶來什麼樣的潛在影響，再將這個不安全感從兩人之間的象徵性間隔空間移除。

間隔空間存在著情緒包袱，會負面影響人與人的交流及同理，前提是縱容它這樣做。但同樣的間隔空間，也會存放正面回憶與經驗。不論是痛苦與振奮的回憶、批評與稱讚、失敗與成就，凡此種種，都是在你和互動對象之間的間隔空間建立起來。

你可以靠訓練察覺什麼情況會勾起你和對方間隔空間的負面回憶和負面情緒，這樣就可以透過溝通能力和交際能力排除干擾。你還可以決定善用比較正面且更有成效的回憶及經驗。

卡莉畢竟是經驗豐富的輔導老師，她很清楚什麼情況下會發作，也知道自己在哪些領域缺乏安全感，對此有所掌握。因此在回應湯姆的時候，她會先清除自己的包袱，確保和客戶之間的地帶是安全的。這也是為什麼他們能夠只專注在為湯姆找出理想的做法。

安全溝通法提供一種架構，確保你和互動對象之間的間隔空間是安全的，也讓你不會反射式地回應，或者心存戒心。這樣你就可以像卡莉和湯姆那樣，安全地和別人建立連結。

間隔空間就是安全溝通能夠發揮的地帶。你也許會想：「不對啊！所謂空間，不就是一個沒有人跟東西的地方嗎？空無一物的地方該怎麼照顧？」

你和家人、朋友、同事及其他人之間的間隔空間，看似是空的，實則大有學問，其中有眼神接觸，有說話語氣，有肢體語言，還有內在能量。事實上，你和別人的關係優劣，會取決於你有多注重照料你們之間的間隔空間。

可以把你和對方的間隔空間，想像成宇宙中的不同空間。當人舉頭望向夜空，其實就是望向外太空，長久以來人們以為天體之間是虛無的，後來天文學家發現其實天體間有強烈的能量場，造就了我們看到的天體。

外太空有各種暗能量與重力在支撐巨大的行星、衛星及恆星，讓它們得以分毫不差地按照自己的軌道轉動，就是這種間隔空間的力量在主導及維持宇宙運作。

這個原理也適用於你和互動對象之間的間隔空間。這個以關係為導向的空間確實是看不到，也貌似空無一物，但其實是能量盈滿，會決定你和家人、朋友、同事或交際範圍內所有人的關係品質。你的人生其實是發生在你和連結對象之間的間隔空間。

實務上，我們會將兩人或數人之間的間隔空間視為能量場，也認同所謂「凡事離不開能量，除了能量，別無他物」的說法。所以我們提醒你照料自己和別人之間的間隔空間，意思就是去照料你們之間的能量。

我們開發的安全溝通法，就是專注在這個能量場。人與人發生歧見，出問題就是在這個能量場，但能夠想辦法安全有成效地和對方互動，修復和好也是在這個能量場。照料這個空間——能量場——的方式，會決定你和對方的關係品質。

和別人對話的時候，其實會牽涉三個實體，分別是你、對方及間隔空間。空間能夠凝聚你和對方，也可以拆散你和對方。空間可以充滿有成效的正能量，如喜悅、感激、欽佩與欣賞，從而拉近你們的距離，也可以充斥對立的負能量，如憤怒、批判、焦慮、責怪與不好的回憶，讓你們有隔閡。

由於間隔空間是看不見的，你可能會認為它不存在。但想一想：風亦不可見，你卻篤定它存在，不是嗎？呼吸的空氣，不也是如此？重力是看不到的，但咖啡杯一放手，重力的存在不就瞬間出現了？

所謂物理學，就是接納看不見的事實，例如黑洞、暗物質及奈米粒子。這個宇宙有太多事情是人類看不到的，與人互動及人際關係也是如此。

大家或多或少都曾經說話做事冒犯或激怒別人，因為對方被過去經驗或者自己的想法勾起不快的感受。比方說，你可能在對方面前批評某個鄰居，卻沒想到對方是那個人的朋友。或者你請同事做一件事情，但對方覺得自己不適合，或者不是他擅長的領域。你因為沒有察覺到自己和對方間隔空間裡的某個東西確實存在，而在無意間造成對方的不安。這是因為人與人的連結遠比其他事物更難參透。

間隔空間不是一種比喻，也不是心理建構，而是確實存在於人與人之間。它是本體論的——也就是不可動搖的現實特徵之一。你可以藉由看待別人、對待別人以及向別人說話的方式，影響能量場的好壞，並且決定是正能量或負能量。

由此可知，人與人之間常出現的好鬥與衝突，都是源自間隔空間裡面的負能量及誘發事件。例如，扶輪社某個會員同儕用挖苦的口吻隨口批評「非法移民」，讓你很感冒，這是因為在你和他的間隔空間裡面，有著你同情移民的情感，而且你們兩人對移民的情感有差異。但這個間隔空間也可以讓你們去尋找有共識的議題，甚至協助對方在面對移民議題時多一分同情與理解。

即便和人交流時誘發衝突，改變及互相理解也能在同樣地方發生。人生就是發生在間隔空間，並且銘記於你的內心空間。改變和外在世界互動的品質與內涵，就能改變內心世界。順序先由外向內，再由內向外。

建立連結

身為人，都有與人建立連結的基本渴望。別忘了，大家生活在萬物隨時隨地相連的宇宙。既然人也是宇宙的一份子，自然也會想與人連結。所以在喪失連結的時候，許多人會感到失落憂慮，宛如「空間迷航」，這不是一件好事。就像《太空迷航》（*Lost in Space*）電視劇裡那個負責保護人的機器人，遇到威脅時會說：「危險，威爾．羅賓森！」當你在空間裡迷航，也會漂浮不定，隨波逐流，與世隔絕，缺乏目的，喪失意義。

為了讓你和別人建立安全有成效的連結，特別是意見觀點和你不同的人，建議你把那個空間當成是聯絡彼此、設法互相理解及互相傾聽的地方。互相尊重，也互相提供安全感。

下次遇到有人激怒你，讓對話可能變得火爆的時候，就想一下你和對方之間的間隔空間，想像清空你所有的不安感與包袱，再也沒有什麼話可以惹怒你或激起內心的恨意。同時也想一下可以怎麼做，讓你們兩個人在這個空間都感到安全，以利談談彼此的差異，並擱置差異走下去。

要做到駕輕就熟需要時間，但能夠和任何人毫無積怨且不傷害感情地談任何事情，等待是絕對值得的。唯有靠改變間隔空間的品質，才能恢復完整的朝氣與喜悅，也就是人的原始本性。

想掌握與人溝通並同理他人的方法，就必須留意你和對方之間的能量品質。你有兩個選擇，要麼讓間隔空間變得安全，要麼讓它變得危險。只要間隔空間是安全的，就能恢復連結，你會活得元氣飽滿，生氣蓬勃。如果間隔空間是危險的，你會本能地產生戒心，保護自己，就算想關閉危險感應器也關不掉。

你可能沒有意識到某些做法會在間隔空間帶給你和對方危險，像是急性子，口氣差，翻白眼，或是羞辱、責怪及批評對方。這些負面互動會讓你想交流互動的人產生焦慮與戒心。

但你也可以選擇為生命裡遇到的人建立安全的間隔空間，口氣好一點，詢問對方的感受，不再把對方的付出視為理所當然，而是表達感謝。這種尊重對方的互動模式，代表肯定對方是有價值的，也會有助於安全感與信任的建立。

總的來說，間隔空間就是恢復意識並體驗連結之處。有好的互動品質，溝通才有可能更有成效，人生才有可能更有意義及獲得滿足。

善用你的腦力

近幾十年來，神經科學領域在人與人互動的間隔空間方面，有兩個研究突破。

第一個研究突破是發現人腦會透過神經可塑性（neuroplasticity）的過程自行重塑與調整連結，方式是大腦重組結構與功能。[1] 換言之，人腦不斷在變化，讓人能夠一輩子持續學習、發展與建立記憶。你可以篩選要讓哪些思緒進入大腦，哪些不能進入大腦，讓重塑有益處。

第二個研究突破是發現人腦是社會性的，意思是人腦除了受到一個人在自然環境的經歷影響，也會深受一個人的人際關係影響，尤其是和最親近對象的關係。當人感受到威脅，大腦會釋放皮質酮和腎上腺素等神經化學物質，使他感到焦慮不安。如果某個人在場讓他感到心安，他的大腦就會釋放多巴胺、腦內啡、催產素等讓人心情愉悅的神經化學物質，從而對對方產生好感。[2]

與人互動交往時，愈是注入關愛幽默與安全感，這段關係就愈有成效且持久。你如果有意改善和別人的溝通成效及關係，建議想想看怎麼做能夠讓對方有安全感，好讓對方的大腦釋放多巴胺、腦內啡和催產素。要說什麼話，用什麼語氣，該如何表達，才能夠最有效讓大腦相連結？

建立柔軟互動空間的時候，有另一點必須注意，那就是能量會追隨關注的方向。關注的重心在哪裡，成果就在哪裡。如果你只注重自己和別人的意見差異，很可能就會促使大腦釋放對談話毫無助益，對正面持久的關係建立也沒有幫助的神經化學物質。

建議你不要只關注差異，要關注更正面的事情，好讓大腦釋放拉近彼此距離的化學物質，而非排斥彼此的化學物質。你們都是家長嗎？既然如此，就有共同的經驗可以建立關係。還是都是賽事球迷？都熱愛爵士樂？都是書迷？或者愛馬人士？

務必也要關注對方的正面特質，不要惦記著對方看法和你不同。因為你想尋找的目標，會決定最後能夠找到什麼結果。關注對方好的一面，你的神經路徑就會重塑，重塑的連結就會改善你和身邊的人的連結。務必善用神經可塑性的力量！

放下評斷，轉為疑惑

評斷別人的差事最好交給法官、網球線審及《美國偶像》（*American Idol*）、《美國好聲音》（*The Voice*）節目評審這類專家來做。職場上、組織內或社區中都不適合出現法官，因為太耗費時間，而且經常引起衝突，只會讓問題更嚴重。

如果你去評斷別人，很可能會導致雙輸局面，除非對方很明確要徵詢你的意見，或是請你點評他的表現。被你評斷的人會覺得不受尊重，備感威脅，你就不得不招架他的回應。此時，間隔空間會變成戰場，而非安全地帶。

你在評斷一個人的行為或表現的時候，就是在當專家或者上司。而你最好確實是專家或對方的上司，或者兩者都是，才能這麼做。喜歡品頭論足的人，都是因為有一種前面幾章談到排斥差異的態度，也就是不願意或無法接受別人和自己有差異。稍早也提過，人類遇到有效合作的最大困難之一，就是接受差異。何以如此？因為人類是不完美的生物。

那麼該如何不去評斷別人，才不會把間隔空間弄得混濁不堪？建議放下無所不知的態度，改抱持「不知道」的謙遜修復態度。不知道是一種格外開闊的處世之道，讓人不再有壓力必須知道所有事情，因為你也非常清楚，這種壓力連聰明絕頂的居里夫人或愛因斯坦都會大嘆吃不消。

你也許對自己的職業、行業與所屬的組織瞭若指掌，這是好事。但不可以因此預設自己對身邊所有人、事、物都無所不知，即便有些人你自認為很熟識。你要預設自己需要更了解對方，必須展現好奇而不是妄加評斷，這才是改善人際關係最好的做法。

換言之，能夠保護間隔空間、確保它安全無毒以便和人正面互動交往的做法，就是展現好奇，不要品頭論足。與其表達你的看法，不如提出你的疑問；與其展現自己有多聰明或提出自己的判斷，不如抱持初學者的心，把遇到的各個狀況、各個對象都當成是初次遇到，無從評斷，也毫無預設立場，只是想要了解它（他）罷了。

我們經常忘了如何對他人的行為感到欽佩、驚艷、讚嘆。只要在自己的人際圈及社群，對「異者」展現好奇，總是能夠發現新事物。

我們可以將疑惑（wonder）視為一種能夠滋養正面溝通與共榮關係的持續狀態。疑惑一詞在英文有兩個意思：作為動詞時，就像是說「**不知道**（I wonder）這個週末我們要做什麼。」當名詞的時候，則像是說「我突然發現同事是**蓋世奇才**（a wonder）。」

每個人的心中都蘊藏著一個星系，反映著他們的人生經歷與知識才華。但我們不可能一遇到每個人，就曉得對方的一切。所以抱持不知道的態度比較合理，也不會那麼有壓力。

認識一個人的最好方法，也許就是「不知道」對方。神經精神科醫師丹恩．席格（Dan Siegel）指出，能否容忍不明的狀態（也就是「不知道」），乃是大腦是否健康的一項指標。[3]這樣有助於發展創造力，也能夠培養疑惑感，讓人溝通更有成效，人際關係也更正面。

有了疑惑，就不會再因為什麼事都要知道而承受壓力。在疑惑的過程中，你會變得好奇，因此想理解真相。這對人際關係有益，因為你會接受別人的不同，而不會為了差異和人起衝突。

別忘了，差異是自然的重要特徵。接納別人的差異，就會迎向人生嶄新可能。別人也可能會對你感到好奇，不會對你品頭論足。大家都要全力接納人與人的差異，以利在間隔空間協同合作，發揮共創效果。

我們的研究成果指出，工作場合中如果每個人都感到連結融洽也受尊重，就算他們立場有差異，工作生產力還是會大增。健康的人際關係能夠提升職場滿意度，改善缺勤，減少身體病痛，降低衝突，並且提升企業淨利。[4]

第八章

安全溝通法適用於生活各個領域

經常有人問我們，安全溝通法要怎麼運用在日常生活。所以我們要在這一章舉出這個技巧流程在世界各地不同情境運用的實際例子。這些例子都是許多傳授與實踐技巧的朋友與同事收集而來的。

與人建立連結，展開安全且坦率的對話

我們先看來自德州達拉斯的莫兒．拜爾斯（Mo Byres）提供的例子。莫兒是才華洋溢且興趣多元的女性，取得安全溝通法認證，現在擔任人生教練與戒癮教練，深入幫助戒癮十二步計畫（twelve-step programs）的學員。

莫兒還是一名化妝師，經營副業很有熱忱，靠它展現自己藝術性格的一面。不僅如此，她也正在接受瑜珈講師培訓，而且會運用安全溝通法協助擁有詹姆士比爾德獎

項（James Beard Award）頭銜的廚師暨餐廳老闆丈夫提姆，經營他的顧問事業。

莫兒提供的例子分別取自她在達拉斯經營的英士達戒癮教練事業（Instar Coaching）、化妝事業FGM公司以及私人生活。為了維護她的客戶隱私，以下人名均做調整。

莫兒有個客戶叫做梅蘭妮，她從十六歲接觸酒精，長期有酗酒習慣且不斷惹上酒精相關的麻煩，例如開車發生事故，以及和人發生一夜情後懷孕生子。

梅蘭妮自從青少年時期就是戒酒與輔導班的常客，遇到莫兒和精神科醫師與心理治療師一起幫她診療家庭問題及戒斷酗酒習慣的時候，她已經三十二歲。

莫兒提到：「我們當時對她及她的家人進行團體診療，發現問題不在於他們談論什麼內容，而是他們怎麼談。我說，你們互相對話的時候要有技巧，也只有在這裡你們才可能安全進行家庭對話。你們要學習怎麼做，才不會一直在編同樣的故事，而是找出解決辦法。」

梅蘭妮和母親關係不佳，原因可追溯到梅蘭妮小時候抗癌的往事。她的母親很有愛心，全心投入照顧梅蘭妮，卻保護過頭。即便後來癌症康復，長大成人，她還是認為母親緊迫盯人。

莫兒說：「梅蘭妮不想一直被當成自己還是十四歲，覺得媽媽一直在注意她跟梅蘭妮的兒子說些什麼，很不信任她，也不認為她是成熟的大人。」

梅蘭妮和母親的心結一直很難化解，直到莫兒教他們安全溝通法，事情才見轉圜。梅蘭妮依照相關技巧步驟，總算能夠讓她母親知道，當年她還小的時候，知道自己得了癌症，母親卻不讓她參與和醫生的討論，這讓她覺得「被控制，而且訊息都被過濾」。

「梅蘭妮內心覺得，我都要死了，還不讓我知道真相是什麼。她確實很脆弱，但只想知道事情的真相，不想聽媽媽傳達的版本。開始運用安全溝通法之後，他們就能夠真誠地和對方談這件往事。這才發現，媽媽不曾知道梅蘭妮有那樣的感覺。」

至於梅蘭妮的母親，則認為是她害梅蘭妮酗酒，所以才會談話時防衛心很重，這讓梅蘭妮很反彈，認為「反正我的個性改也改不了，乾脆繼續酗酒吧」。

梅蘭妮的母親希望在女兒接受癌症治療期間能夠保護她，梅蘭妮卻希望她的話能夠被聽進去。她覺得母親以為她會受不了真相，這讓她感到不安且失落，導致後來酗酒。長大之後，她又覺得母親不信任她，只因為她酗酒就不把她當作大人對待，如此不斷惡性循環。

莫兒提到安全溝通法讓梅蘭妮和母親能夠建立連結，還首度可以安全且坦白地提起這個巨大傷痛。「如今梅蘭妮覺得當她談到失和的痛苦時，母親是真的有把話聽進去。她因此能夠和母親談自己的感受，母親的防衛心也不再那麼重。」

前後參與九次戒酒治療的梅蘭妮，認為能夠和母親和解，不再酗酒，都得歸功於莫兒的協助及安全溝通法。

安全談話的自然運用

身為諮商教練，莫兒因為太常使用安全溝通法了，以致於會自然地運用在日常生活，像是幫人化妝的時候。她舉了一個例子，之前某間德州公司找人去幫工廠員工拍照，打算用於行銷宣傳，於是找莫兒來為他們化妝，確保他們拍照上相。

莫兒提到：「坐在化妝椅上是一件私密的事。我在你的私人空間裡面，觸摸你的臉，所以必須盡量讓你感到自在。以這個例子來說，多數人都覺得能為公司拍照是很榮幸的事，但還是有些人會緊張。我會自然而然運用安全溝通法安撫他們的情緒，讓他們感到安全、平靜與開心。我不只聆聽，更給予他們多半未曾體驗過的肯定，他們說從來沒有被人認真傾聽，因此非常感動。」

到了德州工廠，其中一個莫兒化妝的對象，是面貌姣好的年輕女性，只見她比其他化妝對象更緊張。「和她目光接觸時，感覺得到她很害怕。她一坐到化妝椅上，我的直覺就告訴我這個女人有狀況，我得更試探些。於是我不斷重述她所說的話，包容她，讓她有安全感，還告訴她我要讓她拍照時自信又美麗。」

莫兒提到自己覺得能夠和這名女性交流連結。「我們來回對話，我問她是不是因為從來沒有這方面經驗，才會緊張。」

對方承認自己確實有點緊張。

「這個女人年輕又長得可愛，所以我不覺得她是擔心自己長得不好看，她會緊張應該有其他原因。我很好奇，於是繼續問她問題，打算挖出『隱情』，是內在因素還是外在因素讓她害怕？後來，我問她喜不喜歡工作人員準備給她挑選的服裝款式。我原本不覺得問題會出在這裡，畢竟按照規定，她在工廠操作機器本來就是穿著短袖。但從她臉上浮現的表情，我察覺到這應該就是問題所在。我低頭一看，發現她的手臂上有道相當明顯的疤痕。我問她是不是擔心別人會從公司摺頁看到她的疤痕，她說是。」

「我答應會協助處理，沒有多問傷疤是怎麼一回事。她要不要說，由她決定。我已經知道她需要什麼了，所以不再追問。我包容她的顧慮，展現同理心。她的工廠是在一座小鎮上，員工之間關係都很親近，她也顯然不介意讓同事看到傷疤。於是我比照他們向她展現同理心，告訴她在拍照過程中會讓她感到安全自在。」

「我告訴她我會讓製作人知道她的顧慮，確保拍出來的照片看不到傷疤。說完，一切瞬間就變了！大家團結一心，讓她在拍攝過程中感到自在，笑容可掬。」

年輕女性離開之後，一直坐在室內角落用電腦工作的行銷公司業務代表過來找莫兒。「她問我在幫那位女性化妝的時候跟她說什麼。」

「我問她為什麼想要知道，她說因為她目睹一個年輕女人從緊張變得笑容滿面有自信，她想知道我到底做了什麼。」於是莫兒告訴業務代表，她要那個女性放心，不會讓照片出現她的傷疤，也因此對方順利克服憂慮緊張。

回顧那次經歷，莫兒表示：「傷疤這件事讓對方覺得心安，也讓我很開心。我很慶幸當下有伸出援手，有把握住這個機會。萬一她直接去拍攝，所有人都大喇喇地看著她的傷疤，燈光師還問傷疤是怎麼回事，讓她難堪的話呢？這不是她該承受的。我要確保她覺得有被我們工作人員關愛，有被接納，就像有被她的同事包容那樣。每個人都有傷痕，我只是透過安全溝通法撫平她對於自己與眾不同的顧慮，這就是連結的真諦。」

建立安全感的可貴

隔天，攝影團隊前往這家公司另一間位於德州烏瓦德的工廠，讓莫兒再度有機會發揮安全談話本領。烏瓦德的一所小學曾經在二〇二二年發生校園槍擊案，造成十九名學生及兩名老師喪命，十七人受傷。

莫兒表示：「我在為某個年輕女性化妝的時候，自然運用安全溝通法讓她感到自在，結果就從她口中聽到這件可怕的事情。我發現當天拍攝的多數對象的小孩也就讀於那所學校，於是召集攝影團隊，讓他們知道他們要面對一種脆弱的氛圍。」

她還說，身為化妝師，通常也只有她有時間在拍攝現場與拍攝對象建立連結，讓對方感到安全自在。「我就是他們大部分人的連結窗口，並且透過安全溝通法做好這個工作。」

尋求理解

莫兒提供的最後一個故事則和她自己的生活有關。她的母親生於古巴，現在和莫兒與女婿同住。莫兒說她曾經教過母親運用安全溝通法，好好把日常生活糾紛說清楚。最近他們又運用這個技巧處理母女之間經常出現的糾紛：洗碗盤。

莫兒指出：「我母親說她看到髒盤子疊在水槽裡，差點抓狂。我問她為什麼要抓狂，我覺得她這種情緒彷彿像是被人偷了一千美金，不該是髒盤子沒洗該有的情緒。」

於是他們運用安全溝通法，深入了解母親對這件事情的感受，這才發現不是單純的家務問題。莫兒的母親六歲的時候住在古巴鄉村，莫兒的外婆因為得了肺結核，必須去大城市接受治療，於是把女兒託給親戚長期照料。

「後來外婆回家時，發現親戚沒有好好照顧我的母親，她過得很差，身上長蝨子，又傷痕累累，便找親戚理論，質問他們疏於照料，毫不負責任。」

透過這個談話技巧，莫兒總算知道為什麼母親希望環境能夠維持整潔。「她不是在對我生氣。她覺得堆疊的髒盤子是對她不敬，勾起她兒時不好的回憶。我們把話說清楚之後，我發現這件事對她影響很大，因此後來就算上班步調匆忙，我還是會撥出五分鐘時間洗碗盤。」

莫兒也傳訊息給住附近的兄弟姊妹，讓他們知道「以後母親如果對事情有奇怪反應，代表背後有隱情。」

使用安全溝通法讓她有以下感想：「堅持把安全溝通法當作日常態度和人溝通，宛如魔法。你的朋友、同事、家人等等，並不需要懂得這個技巧，也能讓它發揮作用。當我帶給別人安全感（展現好奇，住口聆聽，重述對方真正所言而非我設想對方所言），我就會產生同理心，也會想要包容對方的感受。對方一定也會有所察覺，魔法隨之發生。即便要談的事情很困難、很複雜，只要有練習，就會發揮作用。先從容易的地方著手，再逐步談到困難的議題。你一定要有決心去建立安全感，才有可能出現安全談話。」

每個人都希望家裡有完整的愛，家人之間能夠和諧相處。但經驗告訴我們，最火爆的關係有時候是來自家裡，來自和自己熟悉也深愛的人起衝突。

家人之間需要安全避風港

威廉是受過安全溝通法訓練的會計師，他和表弟丹尼的關係很好，直到後來丹尼開始和一名女人約會，兩人關係開始走下坡。

威廉回憶：「我們不再聊天。我知道談感情會很忙碌，只是他以前和別人談感情也沒有這個樣子。」

就這樣幾個月沒有聊天，後來威廉主動聯絡表弟，問他有沒有空一起喝啤酒聊一聊。兩人於是去常去的酒吧。

威廉照著技巧流程做，開頭很正面。他對丹尼說：「我一直把你當作弟弟，但你好像開始跟薇若妮卡約會之後，就避不見面。以前我們不是很常一起喝酒出來玩，星期天還會一起看電視美式足球比賽，為什麼後來不再繼續？我是不是哪裡得罪你或薇若妮卡？」

威廉說，表弟先是悶不吭聲，後來淚水盈眶，起身給威廉一個擁抱。「丹尼說，我問的正是時候，他也想念以前出去玩的時光。」丹尼說，他的女友知道他和威廉以前的「單身漢」時期，讓她感到吃味。「但他也向我承諾，說會和薇若妮卡談一談，讓她曉得我就像是大哥哥的角色，沒有什麼好吃味的。」

「這會需要時間，但自從那之後我們已經有過幾次家庭聚會，感覺薇若妮卡已經逐漸包容我，也不會覺得吃味，特別是她和丹尼的關係正愈來愈穩固。」

有時候我們覺得，要不是世界上的家庭總是有著愛恨情仇，否則這個世界根本不會有劇情故事。例如，莎士比亞的《哈姆雷特》（*Hamlet*）、《李爾王》（*King Lear*）；杜斯妥也夫斯基的《卡拉馬助夫兄弟》（*The Brothers Karamazov*）；喬治・

馬丁《冰與火之歌：權力遊戲》（*Game of Thrones*）裡互鬥的蘭尼斯特家族；以及近期《繼承之戰》（*Succession*）裡功能失調的洛伊家族，都是在講手足鬩牆。

即便如此，多數人還是會希望家庭關係能夠正常。我們開發的安全溝通法可以說是有史以來對每個家庭最有用的幫手。如果蘭尼斯特和洛伊家族成員能做到重述別人所言，並且發揮同理心的話，他們的王國也許還有拯救的可能。

安全溝通法為談話創造平等競爭的空間，不論年齡、性別或家庭角色，任何議題都可以在此和緩地談論。

藉由聆聽，決定重結連理

任何人際關係都是有發展階段的，特別是伴侶關係。人們往往會忘記當初喜歡上對方的理由，以及為什麼會想和對方建立關係。安全溝通法利用同理聆聽、嘗試理解不同觀點等方式，讓人記住最初欣賞對方的模樣，恢復心動的感覺。這會帶來安全感，以利解除防禦心態，產生情感共鳴，解決雙方不合的問題。以下例子來自參加我們的工作坊的一對夫婦。

戴瑞克與蜜雪兒結縭十年後，決定離婚。蜜雪兒說：「婚姻並不差，只是我年紀輕，沒有人開導我不要離婚。因為有兒子要共同撫養，所以雙方仍有往來，此外，我們之間的感情從來就沒有真的消失。」

這對夫妻和某些人一樣，離婚之後再度開始約會。他們彼此相愛，只不過需要用更好的方式解決歧見與不合，因此來到我們的工作坊。參加工作坊以後，蜜雪兒發現只要發生衝突，她多半會選擇自我封閉，把顧慮與情緒藏在內心，不讓戴瑞克知道。

戴瑞克則是發現自己不如想像中那麼會聽人說話。他發覺一邊聽人說話，一邊思考如何回應，並不是真的在聆聽與理解對方的意思及心情。他也改變易起爭執的話題的談論方式。「遇到衝突我總是選擇優雅退讓，不想徒增痛苦。蜜雪兒說想離婚的時候，我才會成全她，即使我內心還是深愛著她。如今學到這些技巧，我懂得該怎麼表達自己的感受，同時不會增加痛苦。」

戴瑞克總算了解到，關係建立是個持續的過程，也必須堅信自己和蜜雪兒可以共同克服衝突。蜜雪兒也有同樣的領悟，逐漸願意讓戴瑞克知道她的感受。

第一次工作坊結束後兩個禮拜，兩個人重新結婚了。就所有前來求助修復感情的夫婦而言，這是很理想的結果。

前面說過，我們從修復夫婦關係學到許多，後來擴大修復的觸角，納入其他社群，走進教育、社會政治、倡議、宗教與政府等組織與團體。

安全溝通法的校園應用

許多年前，牧師暨作家羅勃．傅剛（Robert Fulghum）寫過一本暢銷書，榮登《紐約時報》暢銷書排行榜寶座，書名是《生命中不可錯過的智慧》（*All I Really Need to Know I Learned in Kindergarten*）。書中主要想表達的是，人們在正式接受教育的第一年就學到終生受用的重要道理：好好和別人相處；關愛就要分享；自己搞砸的事，自己負責收拾；過馬路要先向左向右看。[1] 我們雖然同意這個論點，但認為時間上應該要再加十年左右，至少要到國中時期，因為人類身體和大腦在發展進程、情感及生理方面，會承受許多歷練。在求學初期階段，人們往往才正開始學習——甚至是初次體驗——如何應對家庭以外的差異現象。學生除了需要培養閱讀、寫作及算術這幾種基礎能力，我們認為還有第四個基礎能力，也就是人際關係能力，希望藉由傳授安全溝通法，讓學生學會因應差異，這樣一輩子都會受用。

人們在記憶中，往往都以為早年求學階段是無憂無慮的。但事實上，早在幼稚園的時候，就已經遇到人生某些挑戰，也學到不少經驗。對許多孩子來說，接受正式教育的第一年就要學習如何在結構化環境中與同儕相處，必須配合某些規定，某些時程，還有配合其他孩子，其中有些人想要他的東西，有些人基於各種原因不喜歡他，有些人則不聽他的話。

年紀小的學生很快就會調適運用安全溝通法，因為能夠靠著技巧應付各種人際關係難題。舉個例子：

兩名幼稚園孩子在教室裡為了爭奪喜愛的精靈寶可夢玩具大打出手。為此，老師M女士特別抽出時間協助約翰與安德魯對話。

老師：安德魯說他很喜歡這個玩具，而且一整個禮拜都沒有玩。

約翰：那你應該要開口跟我要玩具，怎麼可以動手推我！

老師：約翰說你應該要開口跟他要玩具，而不是動手推他。

安德魯：我忘記說了，所以就直接搶過來。

老師：你忘記說了。

安德魯：（哭了起來）我想當約翰的朋友。

老師：你想當約翰的朋友。

安德魯：我沒什麼朋友。

老師：你沒什麼朋友。

約翰：我是你的朋友，只是想跟你一起玩玩具。

老師：聽到了嗎？約翰說他是你的朋友，想要跟你一起玩玩具。你推了約翰，有什麼話要跟他說嗎？

安德魯：對不起。

老師：安德魯跟你說對不起。

約翰：沒關係。

兩人擁抱，問題圓滿解決，也上了一課。

安全溝通法在幼稚園就是這麼運用，讓兩個吵架的學生坐在地上面對面，重述對方的話，表達同理，光是這樣做就是在把重要技巧灌輸給年幼孩子。

但年幼孩子不需要像一般人參與對話時那樣，輪流擔任訴說與聆聽的角色。聆聽的角色可以由對話輔助者來擔任，由他負責聽兩人說話，重述他們所言，並且用言詞、臉部表情及聲調來表達同理。通常孩子這個時候就會跑開去玩耍，即便有時候還是會很難過，至少會覺得有人傾聽自己的心聲，自己也被正視。這會很有幫助。

靠著我們的安全溝通法，你就能夠一輩子和任何人聊任何話題，而不用擔心立場不同會有影響。

不少心像式關係輔助者及安全溝通專家都會在校園裡運用這套方法論與技巧。像是教導幼稚園孩子學習克制自己的本能情緒；教導國中生解決衝突；引導一般老師與輔導老師如何和家長學生共同配合；以及用來處理同事之間的人際衝突。

以色列教育部長在二〇〇八年的時候，曾經請臨床心理師暨心像式關係治療師梅拉・泰米爾（Meira Tamir）協助制定校園關係指南，裡面融入某些安全對話的技巧。指南名為《師生對話》（*Teacher-Pupil Dialogue*），以色列所有學校的輔導老師都有一本，用來指導如何和不同年齡層的學生對話。十年之間，梅拉不斷被邀請到全國各地演講介紹安全溝通法，教導台下聽眾各種運用情境——聽眾包含校長、督導、一般老師、輔導老師及行政人員。這些人聽完之後，再回到各自學校、辦公室與教室實踐技巧。

「秉持孩子般的疑惑，能夠增進安全感與理解。」我們都會告訴客戶，而且不分老少，當你提出「還有什麼要補充的嗎？」這個問題，表示疑惑的時候，就是建立起一個焦慮感與防禦感無從作祟的空間。而且，連結會為你打開腦中通道，讓潛藏的痛楚浮現。

我們有個在學校擔任輔導老師的同事，曾經提到自己是如何利用安全溝通法輔助某個學生和副校長對話。該名學生在參加學校活動時偷帶酒，副校長原本打算用留級懲罰他，但在輔導老師引導之下，他們將談話變成：第一，會面一開始先向學生表示欣賞（「你願意承認是你偷帶伏特加進去，這麼做很有勇氣，我欣賞你的誠實。」）以及第二，接著表達好奇（「說說看你為什麼一定要把酒帶到體育館」）。

隨著一次又一次的重述與表達好奇，談話愈來愈深入，學生終於覺得可以放心透露失序的家庭生活和絕望的心情，副校長與輔導老師也因此得以安排相關措施幫助這名學生。

當人遠離內心痛楚與責難，內心世界就多了一份感恩，家庭與社群得以恢復安全感與喜悅之情。

從「知道」到「不知道」的這種轉變，會讓人心心相繫。這就是人際關係的超能力。一旦所有人類生態體系都運用安全溝通法，相信蛻變亦不遠矣。

實驗高中的衝突解決

約翰．卡斯卓諾瓦（John Castronova）是校園及臨床兒童心理學博士，擔任心理諮商師超過二十年，也取得心像式關係治療師認證。身為實驗高中的校長，他需要運用一切受過的訓練、累積的知識及經驗，去應付他所謂「衝突不休」的校園。

他提到某個在課堂上對師長不敬的學生案例。以下是安全溝通法在這所實驗高中的實戰應用：

> 課堂老師聯絡社工前來處理狀況。社工到場時，只見該名學生在全班面前不斷咒罵，說話很不得體。
>
> 大人們想安撫她，她卻更激動，拒絕配合社工，雖然她和社工這一年來持續互動，雙方已經很熟識。
>
> 後來，女學生從教室奪門而出，直奔行政大樓。社工和老師依照學校規定向我呈報懲處。這種行為的學生，通常都會視情節輕重，予以留校察看或留級。
>
> 我比較傾向去調解社工和學生兩人，因為直接祭出處罰，對學生和職員都沒有好

處。

我叫他們來到我的辦公室，要兩人坐著面對面，我負責調解。首先，我告訴他們接下來會談話，但他們必須遵守某些溝通規定。接著，告知安全溝通的基本步驟。

首先讓女學生發言，讓她表達內心感受，社工負責聆聽，重述她的話。女學生說她覺得大家聯合起來欺負她，觸發了她的情緒。她還說在家裡爸媽也是聯合起來對付她。

社工包容她的感受，表示同理，被兩個大人大吼肯定感覺很恐怖。輪到社工說話時，不可思議的事情發生了。她先提到學生不聽話給她什麼感受，學生也跟著重述。但是隨著對話繼續，社工分享了自己的童年往事：她說學生不聽話，勾起她某些情緒。

女學生也能夠包容同理社工所說的話。短短不到三十分鐘的時間，兩人的關係變得更緊密。

雙方表現了共同的理解和真誠的同理心。兩人都為自己刺激對方的行為表示歉意。學生和社工都養成了更強大的同理心，也為自己的行為負責。

如果當初女學生被留校察看，就不可能達到這些成果。安全溝通法讓這場衝突能夠及時且有效率地順利解決。

約翰顯然是很體貼也很有智慧的人，做為實驗高中校長，面對問題因應得當，謹向他致敬，也感謝他分享這則故事。

接著要分享的故事，則是發生在同樣堅定無畏實踐安全溝通法的退職警察身上，應用的場景更為險峻。

安全溝通法的街頭應用

克雷．阿諾（Clay Arnold）是一位退休警員，目前和曾經從事教職的妻子桑雅一起經營人生教練事業。克雷來參加安全溝通法工作坊的時候，起初不太相信這個技巧能夠運用在真實人生場景，尤其不相信會對處理事故的第一線人員有用。

會有這種疑慮在所難免，畢竟警察、消防員和救難醫護人員都是在極度高壓的環境下與人互動，往往攸關生死。第一線人員永遠不會曉得自己面對的人會有什麼行為反應，往往需要在短短數秒內根據訓練成果採取行動。

克雷決定把我們這套技巧帶到街頭，實際測試看看。以下是他的故事：

上完工作坊課程，我對安全溝通法仍然半信半疑，決定實際測試。有一天我開車行經達拉斯市中心，遇到一個精神異常的遊民大聲自言自語，這對處理事故的第一線人員來說，是家常便飯。

我開始和他聊天，他和我說話的同時，也在跟他不在場的母親對話。轉捩點出現在我問他一個問題的時候：「關於這件事，你還有什麼要補充的嗎？」

對方沈默了一分鐘，說：「你真的還想知道其他的嗎？」「對呀，我想。身為人，你會在這裡一定有原因，把你沒提到的故事都跟我說吧。」

後來我就更了解他了，他十五歲被趕出家門，流浪街頭至今，而且一年沒有服藥，身心都面臨危機。我按照整個步驟做完，包括重述對方的話，包容對方，同理對方，對方的情緒變得更穩定。

他開始配合我的語氣，表情不再如此緊繃。像他這種處境的人，很少有人願意聽他說話。我和他這次交流，讓他的心境出現很大的轉變。

他知道我很專注，也真心想要聽他說話，說不定他已經有好多年沒有和別人有這種對話了，甚至從來沒有。他年紀約四十五歲，長年浪跡街頭。

我們聊得很愉快，最後還一起去吃漢堡。

事後克雷和其他第一線人員提到這次經驗，分享他是怎麼按照我們的技巧處理，讓他們曉得可以用來處理遊民和家事糾紛。他說，安全溝通法有以下幾個好處：

- 讓現場狀況降溫，包括家暴這種危險狀況。
- 讓對方使用主掌思考的大腦額葉，而非主掌情緒的其他部位，如此可以獲得更貼近事實的資訊。
- 只是要純粹聊聊，不是要導正對方，也不需要扮演對方的心理治療師。

克雷告訴我們，警界對於運用安全溝通法「反應非常良好」。他還提到「遇到棘手狀況時，使用安全溝通法不會讓對方感覺是在面對一個心理治療師，畢竟有些人對於心理治療有成見。警方也發現重述技巧能夠緩和緊張的狀況。」

克雷不再認為安全溝通法很難在現實生活中發揮作用，反而廣泛應用在自己的個人生活，甚至應用在和太太桑雅經營人生教練事業時的相處上。他們合力創辦一個夫妻線上課程，卻對課程內容有不同想法。

他說：「我們因為溝通很不順利，索性就封閉自己。過不久，我們都變得很沮喪，便決定要用安全溝通法再談一次，也順利發現是哪些因素誘發我們不合。其實我們的目標是相同的，只是角度不同。這一點經常會被忘記。我們還互問對方『為什麼要浪費兩天時間在吵架？』」

被人問起合作的狀況如何，他們總是說：「合作很愉快，但我們的差異不小，所以要在間隔空間內創造安全感，針對問題及挫折好好溝通。」

他們的女婿在急診室當護理人員，發現安全溝通法對克雷及桑雅很有幫助，決定也要學起來，以因應在兒童醫院的工作壓力。

桑雅表示：「他常常回到家一副痛苦模樣，卻不想把各種不順遂向太太傾訴，以免增加她的壓力。後來夫妻兩人發現，安全談話的架構可以讓人透露自己想說的，同時不必讓對方有壓力覺得必須讓他心情變好。」

「這比絕口不提自己的感受、悶在心裡獨自承受好多了。如今他能夠有條理講出哀痛的事情，像是面臨孩童死亡，藉此釋放內心情緒，但又保持關係空間，讓妻子能夠只聆聽、包容和同理，而不覺得必須解決他的問題，也不會陷入他的問題。」

克雷還提到利用安全溝通法協助某個有嚴重焦慮情緒的少女客戶。這個少女只要被父親糾正，像是叫她不要跟人講話或是喝含糖汽水，就會暴跳如雷。他說：「她只是希望有人可以認真聽她說話。不斷糾正她而不是去傾聽她，只會讓她繼續焦慮。」

於是克雷傳授安全溝通法給這名女孩與其父母，讓他們能夠放下歧見好好傾聽。據他所知，家庭問題解決之後，青少女的成績大幅進步，如今她已上大學，成績也很優秀。

「她已經學會調節自己，也教朋友如何運用安全溝通法。只要覺得情緒快崩潰的時候，就會要他們對她展開安全談話。這讓她的人生有所不同。」

克雷提供的最後一個故事格外感人，是用安全溝通法和他罹患阿茲海默症的母親溝通。自從母親搬來與他們同住之後，克雷和太太都覺得相處很頭痛。不過他們也說，安全溝通法真的有用。

「重述她的話，讓我們有架構可以控制情緒。」他提到母親偶爾會誤以為他是他的弟弟，或是誤以為太太是他，也經常要他去做脫離現實的事情。

安全溝通法再一次讓克雷深知沒有必要去糾正母親，也沒有必要為她解決狀況，只需要讓她知道有人把她的話聽進去，多半就夠了。

他舉一個簡短對話為例：

母親：你真的需要解僱這個廚師。

克雷：如果我理解沒錯，我需要解僱廚師，對嗎？

如果克雷試圖糾正她，說他們根本沒有聘請廚師，或者說廚師表現很好，肯定會更加惹怒她。透過安全溝通法，他得以安撫母親，使談話平和落幕。

突破進展

我們開發安全溝通法是為了促進不同意見觀點的人交流，而最讓我們感到美妙之處，在於看到它在意想不到的地方發揮功能。因此我們要用另一名安全溝通專家荷西．索托（Jose Soto）的精彩故事為本章作結：

新冠疫情期間，我在一個專門讓街友安心過夜的庇護所工作，負責招待街友並協助他們尋覓資源。我被鼓勵要和他們建立關係，多和他們聊聊。這些來客都睡在停車場的帳篷裡，庇護所的規範並不嚴格，不會要求他們出示身分證件。庇護所也落實減害原則，客人可以在場內使用藥物，如吩坦尼、古柯鹼、大麻等。整個環境是高壓的。

許多客人有嚴重心理問題，但我不是心理治療師，當時在大學主修家庭科學，即將畢業。有個女客人年紀近五十歲，其他員工都覺得很難親近，她經常會大聲自言自語，有時甚至會大吼大叫，像是在跟誰吵架。如果試圖和她溝通，往往只會被她用髒話回敬。我內心深知，客人遭遇到什麼不是我該關注的重點，而是需要優先聆聽對方，重述她的話，並盡可能包容和同理她。

過了幾個月，她開始願意走出帳篷和坐在附近的我多聊聊。她說話經常口吃，語調還會顫抖。她提到街頭有些長得像她的女人會到處犯罪，攻擊別人，導致自己被陌生人怒罵與不當對待。這些事情明明不是她做的，卻造成她的人生更加困難，很不公平。

我專心聽她說話，也用肢體語言讓她曉得，我很重視她的話，也真的有在聆聽。一有機會，我就會重述她的話：「街頭有長得像妳的人，人們卻誤以為妳是這些人，於是把他們的錯怪罪在你身上。是不是如此？」

「沒錯。」她表示同意。

「還有什麼要補充的嗎？」

適當時候，我會用一些說法向她展現包容，例如「可以理解你會這麼生氣，明明沒有做的事情，卻因此被人怪罪。」

我花了一個小時左右聆聽、包容、同理對方，不久便發覺她說話變得更自在，甚至偶露笑容。我也鬆了一口氣。

她在回去帳篷的途中說：「從來沒有人像你一樣認真聽我說話。」這是她能夠給我的最大讚美。

我們以心理治療師的身分傳授與實踐安全溝通法四十多年，聽到各種故事證實技巧發揮實際作用，至今仍感驚喜。近期則將技巧推廣給一般大眾及各個領域學員，讓他們學會運用之後，繼續傳授下去。

人只要被正視、被傾聽、被尊重，就會出現同樣的結果：有安全感，也願意向朋友、配偶與陌生人傾訴內心感受及經驗。

雖然安全溝通法是一種新興溝通技巧，來到這個世界的時間並不長，我們深信它會成為多數人類的共同語言，屆時嶄新的關係文明將會誕生。

第九章
安全溝通法在團體之中的有力應用

我們透過自行開發的心像式關係治療法幫助夫妻和好，關係成長。二十多年之後，我們決定要擴大願景與目標。

我們希望讓多人團體，也能受惠於這套為夫妻開發、自夫妻個案汲取經驗的技巧方法。

某方面來說，決定要擴大適用範圍是因為美國遭遇九一一恐攻，這場駭人的事件改變人們的一生。我們有感於全人類遭遇威脅，希望就能力範圍所及，協助建立更安全也更和諧的世界。

任務擴大後的成果之一，就是開發團體安全溝通法，其前身為溝通對話法（Communologue），是心像式關係治療師專門為了處理特殊社會專案開發的流程技巧。

我們稱之為團體對話，是因為安全溝通法會廣泛應用在企業、教育場所、宗教場所與群體組織。技巧的目的在於讓各種群體學會應用，讓裡面每個人都能夠坦率表達意見，交換看法，即使以前這麼做的時候會劍拔弩張且無成效。

許多人對於團體內部出現紛爭、利益爭奪或者惡言相向都有感觸，像是發生在高中球隊、大學聯誼會或兄弟會、教會團體、企業部門，或是發生在美國教師聯盟、美國律師協會、卡車司機聯盟等職業組織。

任何團體都一定會有衝突，因為人類的感受多半不相同，利益也有糾葛。有時候某些團體為了突顯自己與其他團體不同，會排斥差異。

即便如此，人類之所以仍然是地球的優勢物種，一個很大的原因就是曉得擱置差異，共同合作。不過，我們還有很多努力的空間。

以往某些團體成員寧可上街打架，也不願意擱置差異尋求交集。我們相信一旦廣泛運用團體對話技巧，就能建立更好的未來，屆時人人不僅接納差異，也會慶賀差異有潛力共創理想世界。技巧流程做得正確，說話者就一定能夠安全表達自己，也可以相信團體同儕會盡力理解他們所言。

只要遵守團體對話規則，任何組織成員都能放心，可以全盤把話說出來。這是一個獨特契機，能夠讓大型團體擺脫僵固的衝突猜忌，邁向同理、深刻理解與交流無礙的境地。

心理學者艾曼達・梅伊・艾格薩傑洛（Amanda May Agathagelou）在二〇一三年發表的博士論文裡面提到：「由於人際關係運作會受到自我內在流程影響，這個影響也正是兩性關係衝突的根源，而心像式關係理論可以適用於職場。」博士論文談的是她如何將我們的方法技巧應用於朗銘鉑礦（Lonmin Platinum Mine）高階主管，「透過理解自我內在及人際關係的運作，降低職場衝突強度。」[1]

我們和艾格薩傑洛博士一樣認為可以透過團體對話解決問題，完成任務或輔助任務，並且跨越衝突。這個方法之所以確定可行，是因為經過心像式關係國際培訓協會同事的實證。團體安全溝通法也可以形成一個凝聚空間，讓成員分享經驗。

華府心像式關係協會資深臨床講師蕾貝佳・希爾斯（Rebecca Sears）指出：「透過對話、包容及安全感全面建立等技巧運用，安全團體對話可以用來解決大型／多元團體的衝突，也可以讓決策過程更健全，不只有助於認知學習，所有人的話也都會被聆聽重述，不會同時說話互相干擾。」[2]

我們認為團體安全溝通法結合三個要素，可以讓團體內部和諧共處：第一，安全感。這對連結溝通很重要。第二，尊重每個人，尊重他們說話。滿足每一個人想被正視、傾聽與尊重的需求。第三，建立希望。

團體安全溝通需要按照以下方針進行：

1. 共同堅持會面過程零負能量。
2. 確保會面計畫、目標、時間分配及與會人員的安排有利於結果順利。
3. 安排一對一會談時段，以確保所有人準備充分，也有時間建立連結。
4. 訴說與重述。團體每個成員說出對特定主題的看法，在集會場所包容並接收其看法。
5. 總結。

團體對話實戰

以下是團體對話應用的精彩實例。

二〇一七年，波多黎各等加勒比海諸多島嶼遭遇瑪利亞颶風肆虐，波多黎各島上基礎建設破壞嚴重，特別是電網與網路通訊系統。

後續花了將近十一個月的時間才恢復波多黎各全島供電，創下美國史上停電最久紀錄。[3]事後一項研究比較二〇一六年同期颶風的災後估計死亡率，發現這次災害約有四千六百人屬於「超額死亡」（指一段時間內死亡人數與預期死亡人數的差額，此處指波多黎各風災的實際死亡人口高過預計死亡人口）。[4]

島上居民設法對外且互相聯繫，卻遭遇手機與網路斷訊，情況非常慘烈。颶風過後，國際組成一個委員會研議如何恢復網路服務，裡頭成員有波多黎各官員、世界銀行、世界貿易組織及電機電子工程師學會。

開了九個月的會議，委員會遲遲拿不定主意該怎麼做。可以想見，處境艱困的波多黎各人非常不滿。委員會主席剛好是我們學會的同事，我們受邀前往華府，協助委員會開會。海倫無法出席，但哈維爾可以參加。會議開始前，主席徵詢哈維爾是否可以主持會議，哈維爾表示同意。

在場委員會有二十二個委員，加上眾多列席者，包括金主、善款捐贈者以及谷歌、蘋果與臉書等社群媒體專家。

會議一開始，哈維爾向在座者說明團體安全溝通的流程、方針及必須遵守的規則：

- 與會者必須遵守規則。
- 每個人說話都會被聆聽、重述及尊重。
- 團體成員必須互相重述對方所言，詢問對方「還有沒有什麼話要補充？」，繼續重述直到「沒有話要補充」為止。
- 所有討論事項均保密不外流。

於是哈維爾開始引導會議進行，期間不斷提醒團體對話規範。如果有人沒有遵守規則，他會委婉糾正。於是建立安全空間，也獲得與會者的尊重。事實上，最有影響力也最有說服力的意見，來自兩位首次在委員會發言提出建議的委員。正視與傾聽的結果，就是出色的創見。

二十二個委員只花了兩個半小時，就一致通過恢復波多黎各島上供網的四項摘要及一項結論，化解僵局，案子隨即公告，吸引熱情民眾開立支票捐款。

不少列席者與出席者對於哈維爾的技巧大獲成功，均表示讚賞，也驚訝居然可以在不到三小時的時間，讓九個月遲遲達不成計畫共識的團體得到一致解決方案。幸虧有這個強大技巧輔助，僵局總算有了突破，結果圓滿。哈維爾被人問起是怎麼辦到的，只說：「我們建立一個安全空間，讓每個人都能發揮創意，跳脫平常思維。」

開啟對話，改善關係

組織顧問暨作家瑪格麗特．威特利（Margaret Wheatley）指出：「如果人們不願意會面，絕不可能建立健康的文化……但如果願意會面，而且彼此聆聽，就是重新將這個世界連結成一體，並賦予其神聖性。」[5]

我們的目標是要讓各個組織集結多元意見成為新常態。團體安全溝通法能夠建立安全空間，空間裡面不談對錯，也不計較輸贏，而是要協同合作，共同創造。每個人的意見都會被傾聽、尊重與包容。不再有羞辱、責怪、輕蔑等負能量，而是藉著有禮發言與有禮聆聽，互相尊重及凝聚。

團體對話也是一個開放結局的過程，不預設會有結果。但如果團體有意願的話，也可以利用團體對話促進簡易共識或決策，就像颶風委員會的例子，方法可以透過共識決，也可以透過投票。它也讓決策者採取能反映團體「意向」的方向。

我們這項技巧的應用非常廣泛，可以整合到全部生命生態體系。

- 社區組織可以利用這個技巧整合員工管理，共同為社區問題找到解方，凝聚對立的多元團體。
- 學校可以用在教職員會議、學生組織及課堂授課。
- 企業可以用在建立企業文化、發想創意方案與決策。
- 大小團體與經文班的信徒可以用於討論彼此信仰之差異。
- 家庭可以用於解決問題、決策及凝聚感情。

步驟說明

進行團體安全溝通時，大家圍坐成一圈，避免有等級之分，並鼓勵清楚扼要表達自己想講的話。所有人說話都會被一字不漏重述，或者改述。這麼做確實會讓整個過程變得漫長，卻可以加深所有人的體驗。任何人都可以自願重述別人的話，也可以在重述過程中和其他人分享自己的經驗。我們鼓勵多元表達，不鼓勵爭吵與負能量。最好不要在話中暗示有絕對客觀真相，也不得同時出現多人獨白。

如果有人除了重述以外，想要表達自己的想法或者透過行為回應對方，建議要將回應化為肯定陳述，並把它納為團體新興共識的一環。

如果新形成的團體智慧遭到在座者沉默以對，必須容許並予以尊重。如果安全氛圍有變調之虞，則應鼓勵大家表達自己看法，並審慎重述。請記住，表達看法而不評斷，就能在多元中達成一體，讓團體邁向連結與創造力。

以下是團體安全溝通的步驟說明：

1. 團體宣示堅持對所有人和善、尊重及包容；
2. 團體列出計畫，釐清意圖；
3. 團體透過三個能夠揭示理想結果的形容詞，說明願景；
4. 團體請主持人在團體成員說話時，一邊重述一邊記筆記，然後將大家的話張貼出來。
5. 團體挑選一位成員為過程與結論做總結。
6. 團體發展出共識。
7. 團體確立行動方案。
8. 團體建立時間表。
9. 團體請每個人做好該做的事，並在約定期限內完成。

10. 事情做完之後，團體再次集會，繼續按照團體對話架構進行。

安全溝通與團體對話在賴比瑞亞的實踐

團體對話的概念看似抽象，實際應用的成果卻不證自明。我們在二〇二一、二〇二二年和女性基金會合作，將團體對話技巧帶到多災多難的賴比瑞亞，讓學校及相關群體可以用來從事社區發展及設計課程。

賴比瑞亞從一九八九年到二〇〇三年間打了十四年的慘烈內戰，造成近二十五萬人喪命。雙方勢力都曾強暴殘害女性，更逼迫兒少充軍。混亂與暴力讓許多賴比瑞亞人逃離國內。

內戰打擊的元氣還沒來得及恢復，又在二〇一四年爆發伊波拉疫情。全國有四百三十萬人口，疫情前卻只有五十個醫生。疫情二〇一五年結束時，死亡人數超過四千八百人。醫護人員喪命與供應鏈失靈，讓全國醫療體系雪上加霜。

這個西非國家如今已太平二十年，卻仍需面對諸多嚴重問題，如醫療品質欠佳，基本生活設施匱乏，女性被施暴，貪污與失業。內戰、伊波拉疫情和新冠疫情接踵而至，讓賴比瑞亞人極為弱勢，不斷要對抗貧窮、醫療困難與社群碎化。

海倫有個朋友在賴比瑞亞及其他地方從事慈善事業，叫做黛博拉．林虹（Deborah Lindholm），她請我們用 Zoom 為賴比瑞亞的女性基金會及合作學校的一百五十名老師與校長，舉辦一場安全溝通與團體對話線上工作坊。我們用五個小時的課程時間，將安全溝通法傳授給大團體學員，但除了講課之外，也將學員拆成小組實際練習團體對話。

線上課程佳評如潮，女性基金會遂有意推廣這項計畫到國內四百五十所以上的合作學校，最終目標是每一所學校都能採用。為了能夠親自授課，黛博拉與丈夫山謬爾．梅森（Samuel Mayson）取得計畫認證，另外聘請達拉斯的安全溝通專家賴雪柔．沃克（LaSheryl Walker）前往賴比瑞亞授課。賴雪柔於二〇二一年八月在當地短居兩週，並接受媒體《非洲頭版》（*FrontPage Africa*）採訪，分享心得。內容節錄如下：

> 工作坊原本只安排教職員參加，但當天有許多放暑假的年輕人來到現場，他們也想要參加工作坊，動機之強烈令人印象深刻……能夠和他們共處一室，看到每個人臉上的表情、那份笑容與好奇心，並且親自和他們建立連結，感覺實在特別。一對一談話讓人動容，想不到他們真的理解概念，可以向團體清楚說明自己學到什麼。讓我也

感到欣慰的是，他們有實踐在Zoom工作坊學到的技巧，不少人和我分享在家裡、工作場合及朋友相處應用的例子。[6]

有些學員認識政府官員，便提議把我們的技巧引入政府，志在讓賴比瑞亞成為全非洲第一個運用安全溝通／團體溝通技巧的國家，做其他非洲國家的表率。

後來，梅森接受採訪，深入說明計畫目標。

女性基金會為確保賴比瑞亞在十月舉行大選前夕能夠和平安全，於是和美國一個叫做安全溝通的組織展開「安全溝通」的溝通系列計畫，這是一種全新的溝通模式，能夠讓公民曉得如何欣賞面對與談論各種議題……一旦實踐順利，「安全溝通」會讓所有賴比瑞亞人跨越政治宗教屬性，一起共存……

梅森在接受《每日觀察家報》（*Daily Observer*）獨家專訪時也提到，如果所有人都能一起透過安全溝通達成共識，世界會變成什麼模樣。「這個世界會變得很快樂，凡事運作得很順利。如果運用安全溝通法，效果可期，人類就不會出問題。」[7]

其他人的反應也很熱烈，甚至很有音樂性。讓我們喜出望外的是，有兩個賴比瑞亞人威廉・雅（William T Yah）和唱片節目主持人勞・米卓（Raw Mitchell）創作了一首「安全溝通認識曲」，由威廉填詞：「這個世界上，所有人的問題，都可以靠安全溝通解決。和朋友遇到問題，就靠安全溝通。和家人遇到問題，就靠安全溝通。只要靠它，這個世界上，所有人的差異都不再是問題。」[8]

一開始收到他們寄來曲子的影片，質感粗糙了些，便詢問是否可以改到錄音室錄製，他們也照做，成果非常好。

學習過這套技巧的賴比瑞亞人都曉得，安全溝通與團體對話可以撫平當地人民歷經多年的隔閡與傷痛。

賴比瑞亞不是我們的終點，我們持續透過Zoom，和在南非、肯亞奈洛比的教會、學校、大學等地傳授安全溝通法的合作夥伴定期會面。非洲的經驗告訴我們，這個技巧對所有文化都很有用，就算人們意見不同，也可以靠著技巧對任何人暢所欲言。

利用團體對話振興社區協會

艾爾・德多（Al Turtle）是愛達荷州的心理學家及人際關係治療師，嫻熟於心像式關係治療，也以協助社區聞名，多年前退休。他從北愛達荷州古德奈郡聯合勸募組織卸任董事的時候，據稱已投入超過十五萬小時無償為組織工作。

艾爾很早就開始將溝通對話法／團體溝通技巧運用在聯合勸募組織工作上，大家都知道他很有一套方法，懂得讓不同觀點的人在談話過程有安全感且自在。

例如，曾經有一群陸軍預備軍人和預備士官因為缺乏互信所以不和睦，導致工作無法完成，於是艾爾被請去和他們定期會談。他利用團體安全溝通法增進雙方互信，促成合作。

他還有一個為人熟知的身分，即擔任當地聯合勸募董事會的會議主持人。他會在活動開始前保證大家都會受到包容，確保與會者安心表達不同意見，這麼做是因為深信「每個人說的話，一定有他的理由，而這是沒有問題的。」[9]他還會透過重述與其他團體安全溝通法，讓與會者明白他們有被認真傾聽理解。他的主持技巧讓組織領導更有活力，組織因此得以重振。

讓宿敵會面並增進理解

當代世界恐怕很少有任何群體像以色列和巴勒斯坦那樣長期以來衝突不休，其不和睦可上溯十九世紀末。二〇二三年十月七日的哈瑪斯攻擊事件，則是將衝突拉高到駭人的境地。

早在惡名遠播的攻擊事件發生之前，已經有不少組織、企業及一般人民順利協助以色列人和巴勒斯坦人和平共處，讓雙方互信理解、建立連結並尋求解決方案。但這次不分青紅皂白對一般百姓實施攻擊，理所當然引發憤怒、絕望、背叛感、恐懼與報復心理，從而帶給整個區域莫大的破壞與創傷。執筆此刻，以巴雙方人民正深陷生存危機（世界各地猶太人及穆斯林不幸也是如此）。

儘管十月七日以來發生許多事件，我們決定還是要在這本書收錄以下故事，以致敬以色列心像式關係治療協會同仁歐莉·沃曼（Orli Wahrman）的成就，同時提醒世人沒有事情是做不到的。和解、撫慰與和平看似遙遠，卻不要忘記南非在種族隔離時期，或者賴比瑞亞在內戰期間，或者無數個經歷戰火摧殘的國家，也都曾經這樣認為。不論如何，安全感在任何地方都是絕對必要的。少了安全感，就不可能出現安全溝通。以下我們要談談十月七日之前已經在以色列達成的成果，事前已徵得歐莉同意分享。

全球知名的心像式關係治療協會同仁沃曼是以色列人，也是安全溝通法實踐的先驅，多年來致力透過團體對話拉近以巴雙邊人民的距離。

歐莉有心想要促成這個世界的正向改變，遂構思以巴心像式關係治療計畫，於二〇〇二年至二〇〇八年間主導計劃實施，同時參與二〇〇六年成立的猶太阿拉伯共存團體（Jewish-Arab Co-Existence Group）計畫。

這位勤奮的和平倡議人士萌生要讓以巴雙邊人民會面的念頭之後，獲得以色列創傷聯盟（Israel Trauma Coalition）的支持，於是她找來兩名以色列人和一對巴勒斯坦夫妻，在自己的私人診所舉辦示範工作坊。為確保雙方公平代表，並且對文化差異保有敏銳度，便同時找來巴勒斯坦籍夥伴一同參與。

工作坊辦得很成功，她也因而獲得五萬美元私人捐助，得以展開一項和平計畫，旨在透過團體對話消融二十五對以色列與巴勒斯坦夫妻會面時的僵固歧見。

她向他們聲明，採取團體對話以及專業主持人在場的目的，是為了排除兩個團體無法容忍彼此立場的狀況，建立安心分享個人看法的環境，並將各組夫妻的貢獻與團體溝通技巧美妙融為一體。與會者均事先同意，每次工作坊都會遵守流程守則。

為了展現中立並減少政治紛擾，首次主要和平計畫工作坊辦在土耳其的伊斯坦堡。五對阿拉伯夫妻和五對以色列夫妻一起參加為期四天的工作坊，兩天過去之後，會鼓勵他們開始用平和的溝通對話法談話，話題不拘。所有與會者都是平等的。

事後歐莉指出，從他們最初談話內容可以發現，雙方文化差異變得更加明顯：

我們猶太人學到，傳統阿拉伯社會是男性社會。以社交為例，男性只和男性談話，男性只和男性往來。阿拉伯夫妻中的妻子，通常地位不如丈夫。對他們來說，這種人際關係對話法是新穎概念，蘊藏著豐富潛力。當以阿兩方夫妻了解彼此的人生故事後，便出現第二種、更廣義的平等現象。深入目前紛爭背後的痛苦問題，會發現雙方竟是如此相似。[10]

這場工作坊有收穫的不只是與會者，帶領工作坊的人也學會顧及文化敏感問題，隨之彈性調整做法，甚至必須改變工作坊常使用的隱喻「走過這座橋」，因為會讓與會者聯想到爭議領土地帶常見的檢查哨。

歐莉接受唐諾・吉彭（Donald L. Gibbon）採訪時提到：「要他們前往安全地帶的時候，他們聽了會很反彈，因為沒有地帶是安全的。」因此「必須調整語彙，讓它變得更恰當。」[11]

甚至當與會者和講師一起到土耳其餐廳共進晚餐時，衝突史也如影隨形，所幸他們沒有忘記團體對話的經驗。當時，有別桌的阿拉伯客人質問巴勒斯坦人，為什麼他們要和以色列人坐在同一桌，巴勒斯坦人回應：「他們是我們的朋友！」[12] 由於伊斯坦堡工作坊辦得很成功，同一團體後續又會面幾次，其中一次辦在遠離耶路撒冷、俯瞰地中海的城市海法，阿拉伯學員前往以色列人的家裡作客，這是嚴峻的文化考驗，因為對很多阿拉伯人來說，這麼做形同是到宿敵家中過夜。

但有了這次作客經驗，他們開始對以色列人改觀，心胸變得更開闊，立場也有所軟化，甚至可以設想「可惡」檢查哨的軍人說不定就是這群主人的孩子。

據稱雙方與會者的關係從此再也不同，甚至還舉辦過家族工作坊，把與會者的兒輩及孫輩統統找來參加，人數多達四十八人，且在最後一場工作坊傳授給孩子們心像式關係的基本原則，使得關係變得更加緊密。[13]

歐莉也提到，由於以巴長年深陷激烈暴力衝突，在工作坊舉行的過程中，雙方差異極大的與會者的情緒難免會緊繃或激動，所幸可以透過溝通對話法化解，讓所有人安心。

談到以色列撤出加薩走廊這個敏感話題時，談話變得火爆，有猶太人無法理會土地被人佔領的痛苦。某位以色列與會者則是用這個說法展現包容：「撤出加薩走廊就像是有人拿刀刺進你的脖子，然後要把刀子拔出來的時候，還要求你說謝謝。」[14] 所幸雙邊都有遵守規範，持續聆聽，重述並展現同理心，最後順利克服差異，也更加認識彼此。

黎巴嫩戰爭是另一個爭論的話題。離那次工作坊最近的一次以阿衝突，是早在二〇〇六年的黎巴嫩戰爭，黎巴嫩真主黨當時朝以國境內北部地區發射飛彈，這件事讓與會的以色列人飽受創傷。歐莉是如此形容溝通對話過程：

透過溝通對話，即使聽到巴勒斯坦人一面表示關心我們，一面欣慰我們得到教訓時，我們還是能夠按捺自己的情緒。即使大家淚流滿面，仍然會仔細聆聽而不生氣。這就是這個方法厲害之處。我們也得知他們尊敬黎巴嫩真主黨領導人哈桑．納斯拉勒（Hassan Nasrallah），好奇想要進一步了解。只要開始聆聽，就會學到各種的事情。我們不在意誰是對的，只在意透過傾聽發現自己不知道的事情，增進認識，而不做評斷。[15]

雖然歐莉這幾年來遭遇不少困難，仍然致力透過團體對話促進宿敵和平共處。她在接受採訪時提到：「我們排除困難履行承諾，提供他們安全感。我們也找到一個和敵人對話的方法，最起碼知道我們的朋友也可能有敵人的特點。不要把夫妻和孩子當成危害，我們有能力和所有人溝通。」[16]

歐莉的例子一再告訴我們，安全溝通法能夠讓與會者跳脫權力鬥爭，變得有同情心，能夠深刻認識對方並盡情交流想法。

二〇二三年十月七日，哈瑪斯在攻擊行動中對以色列人犯下駭人暴行，還有後續的加薩走廊戰爭，都讓歐莉震驚不已、痛苦且心碎。本書付梓之際，包括歐莉在內有很多人都認為和平希望渺茫，安全談話與溝通對話也不再可能。

歐莉是我們心目中的英雄，從她配合不同文化的傑出工作成果，印證了安全溝通法可以超越文化差異。她和艾爾的例子清楚表明，安全溝通法非常有助於促成個人與團體安全感，從而建立人際連結。有了連結，文化得以在地改變，最後迎來和平新文明。

第十章 安全溝通法的職場應用

麥緹在佛州一間金融服務公司總部擔任使用者體驗網站設計師，也是兩歲女兒妮可的媽。她的先生凱爾則在一家大型軟體開發公司擔任專案經理。

新冠疫情期間，兩人都在家工作，當時有請保母來到家裡，在他們上班的時候照顧妮可，效果很好。後來，麥緹的雇主逐漸要求資訊部門人員至少一週要回去總部上班幾天。凱爾的雇主則繼續讓凱爾在家工作，他也覺得很好，可以節省一個小時通勤，免去塞車之苦。

麥緹於是私下開始尋找可以讓她在家全職遠距工作的職缺，最主要是覺得在家工作效果最好，比較不會被打擾。但公司高層主管的態度也很明確，就是要求所有員工最終都要回到辦公室辦公。正因如此，她和資訊部門主管談過很多次話，甚至起過衝突。

她的部門主管認為整體而言，員工遠距工作比較會和主管發生衝突與歧見，因為他們不常碰面，溝通都是透過傳訊息、寫信、Zoom及其他數位方式，因此更難培養團隊默契，建立信任關係。二〇二一年的一份研究便指出，這些困難在疫後職場十分常見：[1]

- 百分之八十遠距工作的專業人士曾經遇過職場衝突。
- 百分之四十六的人會透過工作聯絡用的應用程式和人爭吵。
- 每三個員工就有將近兩個員工（百分之六十五）曾經和同事發生衝突。百分之十九的人曾經和直接主管起衝突，百分之十一的人曾和外部主管起衝突，百分之五的人曾和不同公司的員工起衝突。
- 百分之十八的受訪者表示，衝突起因是「某件重要事情缺乏透明度及誠信」；百分之九的人認為是「價值衝突」所致；百分之二的人則認為是「指控缺乏根據」。
- 超過三分之一（百分之三十六）的人「認為主管傳來的訊息很不客氣。」
- 百分之三十九的人受夠了和同事或老闆發生遠距衝突，表示「打算以離開——

或已經離職——來解決問題。」

即便某些企業多數員工都回到公司上班，這些企業也會因為員工偏好遠距工作而出現嚴重問題，最主要的糾紛在於：

- 離職潮帶來的人員聘用問題。
- 員工離職後由年輕人遞補，年輕人卻會因為價值觀不同、禮貌問題與文化問題與資深員工起衝突，出現年齡代溝。
- 誤解文字信件內容的溝通問題。
- 工作態度與投入程度不同。
- 對公司反感，起因通常是因為被資遣、解僱、勞力外包及薪酬不平等。

安全談話：邁向更健康也更有利可圖的企業文化

許多企業知道想要成功經營一家公司，必須讓員工保持良好的人際關係，也能夠讓員工安心溝通。但大部分企業都不清楚該怎麼做。

你的公司可能在許多方面表現很傑出，卻栽在惡劣的職場環境。究竟員工之間，員工與主管、高層之間，為什麼會很難相處？

就像前面某一章曾經提到，主要原因是傳統上注重「頂尖卓越」個人成就、獨白式談話、排斥差異，也不知道良好人際關係是組織得以健全，個人情緒與心理得以保持健康的必備要素。

由於看重這些事情，人們會傾向彼此競爭而非合作，往往是最積極展現企圖心的人獲得獎勵，而不是人緣好且願意容納不同意見的人。美國傳統企業文化重視的是短期淨利，不注重和人建立長久關係與栽培團隊取得成功。

對許多企業員工而言，目標是要在各個階段擊敗對手，升遷到組織頂端，並藉著自我推銷在競爭過程佔盡優勢。這種競爭心態會破壞良好工作關係，讓公司難以成功。

我們的安全溝通法要教大家談話而不批評，傾聽而不評斷，擱置差異融洽共處，以利建立職場新文化。良好環境讓員工工作開心，企業利潤也會隨之增加。

運用安全溝通法可以增強團隊能力，改變企業文化，讓員工主管同舟共濟，努力達成共同目標，共享成果。

有了開放與合作心態的職場環境，大家就會更樂於表達想法，也會迫不及待想要落實這些想法。所有員工都會覺得自己有被傾聽，有被尊重，團隊合作時會更開心，更有成就感，也更有成效。對企業則更有利，因為想法可以坦率交流，這會刺激創意與創新。[2]

不論到哪裡，一家企業能夠成功，必然和企業與員工的關係，員工與主管的關係，員工與員工的關係，以及員工與顧客的關係密不可分。

蓋洛普在二〇二三年發布報告指出：「美國員工敬業度經過近幾年的成長，十年來首見年度衰退，從二〇二〇年的百分之三十六降到二〇二一年的百分之三十四……不敬業程度則較二〇二一年上升兩個百分點，且較二〇二〇年上升四個百分點。」[3]這家備受尊敬的分析顧問公司還提到「非常滿意公司職場環境的員工比例掉了六個百分點。這些現象說明了，員工覺得自己和雇主的關係愈來愈疏遠。」[4]

蓋洛普的報告也指出，原本屬於遠距上班，現在卻完全必須回到公司辦公的員工，其敬業度退步最多。「值得注意的是，純遠距上班的員工『安靜離職』（意即工作不投入，也不離開職場）的人數，多了四個百分點。」[5]

正面的社交互動乃提升員工幸福感所不可或缺，員工感到幸福時，員工的敬業度會跟著增加。敬業的員工「比較會展現利他行為，遇到和工作有關的事情時，也會協助、引導同事，並給予建議及回饋」。[6]

所有人都想要和長官與同事保持良好關係，沒有人想承受不良職場環境帶來的壓力，反而希望主管同事和我們的目標一致，可以互相配合，不是嗎？

營造一個尊重且支持所有人的職場環境，對企業來說也是好事，畢竟員工流動頻繁是企業成長的隱憂，不僅會破壞企業文化，也會不利公司財務績效。某公關公司調查四百家大企業發現，老闆與員工關係不睦及溝通不良的成本，一年竟高達六千兩百四十萬美元。企業內部關係不良的代價包括損失優秀員工、招募困難、合作不順利、利害關係人不滿，以及流失客戶。[7]

企業獲利的關鍵在於和員工、合作夥伴、供應商、投資人及顧客的關係穩固。職場不睦會影響員工的幸福感與敬業度，流動率及利潤受到衝擊更是不在話下。

我們聽過不少企業員工提過自己和同事、主管、客戶溝通不良或很難相處，導致職涯跌跌撞撞。例如，針對工作主責事項，你可能和主管看法不同且無法達成共識。又或者是客戶對你不滿，你卻束手無策。這些都是活生生的問題，迫切需要務實因應。

符合職場現實的有效方法

羅蘋．希爾斯（Robin Hills）博士在疫情期間首次接觸到團體安全溝通法，後來回到公司辦公，便試著將技巧用來和同事相處互動，發現可以改善她和某個同事的關係。

以下是她的現身說法：

瑪莉是另一個部門的主管，為了達成公司設定的目標，我們必須經常合作。我們都在職場上遇過這種個性很難相處的同事，她動輒覺得被冒犯，抱怨連連，責怪別人，認為自己才是對的。瑪莉有個習慣，她會闖進我的辦公室或我的直屬同仁辦公室，對我們部門的決策或行動大表不滿。

我和同事好幾次聊到瑪莉對著我們宣洩她對人和不同部門抱怨的習慣。這麼做心情舒坦的人是她，苦的人卻是我們，因為她抱怨的事情，根本超出我們的解決能力。

有一天，瑪莉又來抱怨，我決定等她離開我的辦公室後，馬上試著用安全溝通法當中的「表達挫折」技巧和她溝通。

我走到她的獨立座位，詢問可否和她談談：「方便現在和你聊聊你給我的挫折感嗎？」她說好，於是我扼要指出，她表達不滿的方式不只給我們帶來壓力、過得戰戰兢兢，也破壞我們在疫情後回公司辦公所費心建立的跨部門合作機制。我問她願不願意學習安全溝通法。

出乎意料的是，在我印象中第一次，她竟然沒有辯駁，只說：「好，我了解，以後不會再犯。」

我和同事都感到不可思議，當然，問題不會這樣就解決，畢竟現實世界很複雜。但在表達自己的挫折之前，事先徵詢瑪莉可否談談，會引起她的注意，讓她有時間專注在這件事情上，認真傾聽。她也顯然夠安心，覺得不需要爭辯。從那之後，她就不再過來我們的辦公室抱怨我們無法作主的事情。

乍看之下，羅蘋和瑪莉的衝突沒什麼大不了，既不會影響公司股價，也不會影響公司獲利。但如果世界各地成千上萬的公司員工都是如此，說不定整體就會有影響。

我們舉這個例子，不是因為它很獨特，而是因為太常見。有在企業或大公司上班的人，一定有過類似遭遇，被同事或主管搞得上班壓力很大。從這個例子也可以看出，太多企業也都陷入類似的挑戰與課題。

《富比士》（*Forbes*）雜誌有一篇文章的作者提到：「職場關係如果不和睦，企業要付出很大的代價，代價有財務層面，也有情感層面。宛如高價的黃金降落傘；浪費昂貴成本訓練無法久任的員工；生意合作與共同投資卻衝突不休，結局悲慘；後悔拿錢投資；認真經營數十年的公司卻因為被收購而毀於一旦。」[8]

羅蘋用安全溝通法與瑪莉互動，就是勇敢踏出去，要和無意間帶給他們壓力的人，改善彼此的職場關係。

我們認為這套技巧不但能夠讓談話變得安全，改善企業內部的人際關係，也可以讓職場環境變得更具合作精神且有成效。困難雖然不小，解決方式卻很簡單，那就是：談話，但不要對立。任何人都可以學習並加以實踐。

企業內部關係不和睦的難題

如今許多企業都了解保持各個層級員工的良好互動非常重要。員工與客戶之間、員工與供應商之間、員工與利害關係人以及其他重要人士之間的關係也是如此。方向的確沒有錯，只不過多數企業不曉得如何達到這個目的。許多企業在其他事情上都有策略保障得到優秀成果，卻完全無法改變員工之間利益爭奪、互看不順眼與意見分歧的這種不良職場環境。

有些企業文化很殘忍無情。大公司本來就沒那麼仁慈，問題是如果員工隨時要擔心公司會不會為了迎合股東而大舉裁員或停聘員工，就很難建立員工的忠誠度及團隊精神。讓員工更不滿的是，公司高層領到的酬勞相較於一般員工的薪水高得咋舌。經濟政策研究所（Economic Policy Institute）談論公司執行長酬勞從一九七八年以來成長一千四百六十倍：「美國大型上市公司的董事會給高階經理人的酬勞高得不尋常，其酬勞比起股市及一般勞工、大學畢業生甚至是百分之零點一的頂尖人才薪資成長幅度都快上許多。」[9]

我們從和企業及員工接觸的經驗中發現，如果公司把重心放在競爭而非合作，就不會費心建立互相尊重與良好的職場關係。職場上的糾紛與爭執會對工作績效有負面影響。我們也注意到，許多企業領袖苦於無法促成團隊合作。

有心理安全感，團隊才會成功

二〇一二年，谷歌展開亞里斯多德研究計畫（Project Aristotle），想要了解為什麼有些員工團隊會比其他團隊成功，結果發現能夠讓團隊成員自由交流想法與經驗的環境，工作會更有成效。[10]

所有人在職場上表達想法、建議與疑慮的時候，都希望被傾聽，被正視，不被排斥或批評。道理就這麼簡單。你也許跟很多人一樣，想不起來曾經被人稱讚或者支持，記憶裡盡是被主管或同事羞辱嘲笑。

人們之所以比較常記得自己被批評而非被稱讚，都是大腦化學作用的緣故。當你被人抨擊的時候，體內皮質醇濃度會變得更高，使你進入自我保護模式。你會因此更敏感，更激動，會把批評和它的不良後果看得過度嚴重。皮質醇濃度一旦竄升，影響會長達二十四小時以上，這也是為什麼侮辱的記憶久久揮之不去。[11]

正面評語和鼓勵則會促成不同化學反應，會釋放具振奮作用的荷爾蒙，讓你心胸開闊，更容易溝通，更有合作精神，也更值得信賴。可惜這種讓人心情變好的荷爾蒙效果比讓人心情變差的荷爾蒙效果還短，這是大自然殘忍之處。[12]

談話如果讓人安心，大腦會釋出令人安定平靜的多巴胺、乙醯膽鹼、去甲腎上腺素等神經化學物質，年輕一輩稱之為大自然的鎮定劑。這些物質還可以增強免疫系統。因此，良好的職場環境會讓員工變健康，減少生病。[13]

如果可以表達自己的想法而不用擔心別人怎麼想，就更能在工作上全力以赴。團隊道理也是如此，當所有人都傾聽，表達好奇，團隊運作會最順暢，因為每個人都知道輪到自己說話的時候，這種做法也會對他們有好處。這都得歸功於心理安全感，而安全溝通法證實能夠幫助企業達到這個效果。

詹姆斯在《財星》（*Fortune*）五百大企業之一的公司擔任高階主管，這家公司全美員工人數超過五萬人。他大學畢業不久就進到公司服務，年資超過二十五年，並且待過不同部門。針對安全談話以及良性關係在企業界的重要性，有以下見解：

我在職涯過程中，透過觀察好壞榜樣深刻了解企業領導是怎麼一回事。我遇過不好的狀況是自己難以自在表達想法與意見，而這得歸咎於企業領袖塑造的環境。

我特別記得有一次被高層找去參加一個理事會，許多認識很久的人也都在裡面。高層說明這個理事會的用意與目標之後，就叫我們負責實現，沒有人給意見，也沒有人給回饋，毫無具體策略可言，只是一味要我們實現目標。

於是形成不良而緊張的環境，談話和互動都是被特定強勢者把持，決策都是他們在做，幾乎沒有合作討論的餘地。這種獨斷是團體領袖造成的。其實團體裡面有的人很聰明，有的人經驗豐富，結果卻白白浪費時間金錢，因為團體缺乏包容性。

我看過有些團隊成員只是因為在團隊裡面提問或者提出建議，就被強勢者斥責，儘管被斥責的成員也是強勢者的同儕。後來，會議變成一場鞭笞不同意見者的大會，毫無心理安全感可言，也無法達到團體設立的用意和目標。缺乏包容性這一點招引太多負面意見，最後只好停辦。

從好的方面來看，我在團體裡面遇到這些強勢者，讓我更知道自己要怎麼帶人。我在帶任何團隊的時候，第一件要做的事，就是和每個團隊成員一對一談話，讓我更認識他們。

我和團隊成員不論在人生背景、個人的興趣、設定的目標，以及離世前要完成的人生目標清單，都有共通點。溝通基礎於是得以確立，我也因此能夠知道他們的動機與企圖，還有我該如何帶領並輔導他們。往後會面時，我會用一些問題當作開場，像是「家裡現在狀況如何？」或者「你女兒的獨奏會順利嗎？」目的是要在切入工作正題以前，先發自內心和對方有種共鳴，產生以同理心為基礎的關係，而不是想「你可以為我做什麼」的交易型關係。

有一件事情很重要，那就是要和你帶領或輔導的人建立良好關係，如果對方很脆弱，你得展現包容。凡是人都有缺點，也會犯錯。我當主管一路走來，發現如果我很包容，願意展現自己脆弱的一面、表達自己的過錯並分享學習心得，我和團隊成員的關係會變得更有溫度。

我有建立團隊與重建團隊的經驗，有些團隊需要重建是因為績效不好，而績效不好的原因就是某些強勢者會排擠其他人。如何打造包容氛圍，讓所有團隊成員都有歸屬感也受到尊重，乃是企業領袖不可迴避的挑戰。這個挑戰又會因為人們遠距工作、不太能面對面與自己要帶的團隊成員實際互動，而更顯艱鉅。

我發現，唯有領導階層支持並落實包容與多元，才有可能建立關係。因此領導階層在傾聽團隊裡每個人的心聲時，必須做到主動、不偏頗並有意識地聆聽。

領導階層光是「聽到」並不夠，必須和對方建立連結，聚精會神（不能受到干擾）向團隊成員覆述或摘要自己聽到他們表達的內容，以示接受到他們的意見，而且有放在心上。

主動並有意識的聆聽及重述，不能只是說說，必須實際去做。領導階層必須以行動回應團隊成員的意見，以展現對他們的支持。這一點非常重要，因為最關鍵的信任元素就是這樣建立的。如果沒有人信任工作的環境，他們就不會表達意見，也不會勇於表達自我。這和他們與領導階層以及他們和同儕的關係息息相關。

我深信領導人必須打造與促進一種無礙於任何意見表達的環境。個人經驗告訴我，團隊成員如果覺得自己有得到支持，也被尊重——還有鼓勵多元思維——他們做事就會很有成效，也會有效率。內化並保持這個觀念是需要花功夫和時間的。

團隊中的每個人應該要得到一樣長的時間發表看法，而且不被打斷。這樣就可以建立期望，也確保團隊互動不會被強勢者主導。我的心得是，如果強勢者發現自己不被允許主導整個議程走向，他就會落寞退出。

不過，當我宣導並確保每個人在會議中有同樣發言時間，其實也遇過強勢者感謝我這麼做，讓他們得以認識到多元意見的重要性。不注重成員關係建立的團隊不能茁壯，也往往無法達成目標，因為團隊成員各有各的盤算，而且彼此衝突。

我對團隊成員的期望是要能夠冒險、創新、犯錯、從錯誤中學習，並且進步。同時也希望他們有足夠安全感，和我甚至和團隊談自己失敗之處與所犯的錯誤。團隊環境應該要提供這種心理安全感，好讓所有成員都能談談自己的想法、觀念甚至是失敗。只要有一個團隊成員可以從失敗中學習，而且覺得夠安全去談自己的經驗，整個團隊就會受惠。

詹姆斯從來沒有接受過我們的安全溝通訓練，卻靠自己的直覺發展出類似的技巧去領導公司團隊。他雖然是業界老將，卻學會聆聽團隊成員的意見，可說是講求開放與謙遜的「僕人式領導」（servant leadership，注重員工需求的領導理論）的擁護者。

我們也大力支持這個流派，這個流派主張在企業文化裡面，表達「不知道」有助於各個層級改善溝通與關係。

我們也明白，說自己不知道其實與當今企業追求卓越的策略不盡相符。想想看，上一次是什麼時候聽到公司高層說「我真的不知道這個問題的答案」？（如果你無法回答這個問題，相信我們，沒關係。）

既然如此，為什麼還要採取這種違反直覺的策略，說自己不知道呢？因為這麼做會有助於建立良好關係，而建立良好關係對企業是好事。創業家、作家暨企業策略專家丹恩．普洛瑟（Dan Prosser）提到，員工之間會合作的公司，獲利會比員工之間互相競爭的公司多四倍。[14]

「不知道」是一種建立關係的有力技巧，因為能夠讓你對身邊的人打開心扉，增進彼此尊重，也強化和別人合作創新的能力。

克服權力不對等

芭芭拉雖然對工作整體績效有自信，卻害怕年度績效考核。「權力不對等」的感覺在考核過程中尤其明顯，讓她很緊張。

她說：「遇到這種考核會談，我通常會帶著自信參加，但也會儘量不多說話，讓它快點結束。但這次我決定運用安全溝通法，覺得這樣可以讓會談更自在。」

於是她在和主管德瑞進行考核會談的時候，主動表示欣賞他，用這種方式照顧他們之間的間隔空間，以利建立安全連結。

她說：「我不確定以前有沒有說過，但我想讓你知道我覺得你擔任主管和導師做得很棒。」

簡單一句話就化解緊張氣氛，兩人變得更自在，也讓談話更有成效。講到正事的時候，德瑞先是誇讚她的優點，接著提出兩個有待加強的工作領域。

芭芭拉表示：「我認同其中一個領域有待加強，但對另一個德瑞提出的領域則有疑慮。」

如果是以往遇到這種情形，芭芭拉可能會為自己辯解，但這次她不想破壞已經建立起來的安全連結及良好氣氛，於是再度使用安全溝通法。

她回想當時的狀況：「我沒有為自己辯解，而是把他的話重述一遍，問他我的理解是否正確，是否還有其他話要補充。」

德瑞認同這種全新且更正面的處理方式，於是提出更多他的看法及理由，讓芭芭拉了解為什麼主管會覺得她需要加強這兩個領域，才能提升績效。聽完之後，芭芭拉還是沒有辯解，而是簡單回應「聽起來很合理」，尊重德瑞的考評。

比起以往和德瑞進行績效考核會談，後續考核的過程乃至考核結束之後的狀況，都讓芭芭拉覺得更好。「我和德瑞有建立連結，相處也很正面。我很榮幸能夠遇到一位聰明的主管，他會在考核結束時詢問有什麼事情是他能夠幫得上忙，好讓我在這個職位表現出色。」

德瑞要她表示意見，於是她藉這個機會說明疫情期間開始召開的主管會議，有一件事情讓她和同仁深感困擾，那就是德瑞經常會在整個團體面前批評個別與會者。

她告訴主管：「如果你會後再私下批評我或其他主管成員，不要在開會期間這麼做，這樣會對我很有幫助。請在公開場合稱讚人，私下再責難。」

不出芭芭拉所料，德瑞打算辯解，於是她再度運用安全溝通法。「我輕輕舉起手，請德瑞先不要為自己辯解，而是請他說出他從我這邊聽到什麼。這樣做的確很大膽，但我覺得當時是私下場合，這麼做沒有問題。不出所料，他有些嚇到，但還是像我先前那樣把我說的話給重述一遍，讓我有餘裕可以補充理由，明確表示當著同仁的面被他批評，會讓我很難堪。德瑞對此表示理解，也說不會在團體會議上直接批評個別同仁。」

就這樣，多虧有安全溝通法，雙方得以在心平氣和、無所擔憂的情況下找到改善關係的良機，結束芭芭拉的年度考核。

職場使用安全溝通法的好處

安全談話能夠改善你的團隊合作技巧，而團隊合作在企業界是愈來愈受重視的長處。這套技巧讓你能和任何人談任何事情，會讓你改變獨善其身的心態，轉而和人協同合作，共同創造。

採納安全溝通法的企業紛紛表示，這個技巧會促進職場環境的開放與協作，使團隊成員更自在表達看法。如果能夠建立一個鼓勵從事安全且開放談話的工作氛圍，將助於提升腦力，員工會更投入也更有動力，工作表現會更好，而且能夠卓越達成目標。

安全談話能夠創造條件，讓員工得以在職場環境中容忍模糊地帶，以及克服難以應付且緊張的對話[15]。我們的同事席格是人際神經生物學專家，他認為人們如果能夠容忍模糊地帶，代表頭腦很健康，不會因為內心感受到威脅或離開舒適圈就會順應戰鬥、逃跑或僵住的衝動反應，而是領會觀點與意見的不同。

如果你可以接受模糊地帶，就能夠欣賞意見和你不同的人，而不是感到恐懼。讓我們容忍模糊地帶的就是前額葉皮質這個大腦區塊。它能讓人在做出反應前先緩一緩，抗拒接收新刺激時立即回應的衝動，經過深思熟慮再回應。它也是從事神經整合的大腦區域，對心理情緒健康非常重要。

照著安全溝通步驟做，你就會善用這個大腦區塊，讓你更欣然接受批評與不同意見，不把它當作侮辱，而是視為成長與互相理解的契機。這是因應企業職場上溝通與人際關係挑戰更理想的方式，你也這麼想，對吧？

我們深信透過安全溝通的實踐，員工得以發揮最大潛能，使企業改善獲利。在人際技巧很好的員工與主管的引領之下，職場環境會變得更健康，也更具合作精神。

這種職場環境尤其對女性有利。雖然近幾十年已經有所改善，但女性在企業界的升遷阻礙仍然嚴峻，覺得意見經常不受重視，貢獻也不如男性那樣被認可。安全溝通法提供一種談話架構，讓每個人的聲音都被聽見，也受尊重，同時提供員工安全空間把挫折化為訴求。藉由一次又一次的對話，得以促進性別平等。[16]

職場上運用安全談話還有最後一個好處，那就是有助於創新。如果固守自己的做法，堅持所有事情都要按照特定（也就是你自己的）方式去做，等於是阻擋自己去學習新的、更好的做事方法。

表達不知道，保持初學者的心態，還有不斷練習，如此思維與成就會更上一層樓。用開放與好奇的態度傾聽，不要評斷與批判，如此可以讓思維不落俗套，繼而激發創意與創新。新觀念的出現，多來自好奇，這也可以讓你和你的企業對社會做出有意思的嶄新貢獻。

第四部

第十一章

健康大腦

安全溝通可以讓你在生活與職場各個層面和任何人進行有效對話，建立更有自信的關係，即使你和對方有許多差異。但你知道安全溝通法其實也可以讓頭腦更放鬆、更健康嗎？

精神病學教授珍妮佛·蓋丘（Jennifer Gatchel）博士指出：「建立良好的人際關係，對精神健康與大腦健康有保護作用。」[1] 過去幾百年來，科學家以為人的大腦一生都不會改變，但他們後來改變了觀念。（這其中滿有反諷意義的。）如今，神經科學家認為人腦這種器官可以改變，也的確會改變，而我們選擇怎麼思考，怎麼說話，是會影響這個改變的過程。

人類靠著談話技能化解彼此的歧見，從而建立更健康也更有成效的關係，這樣的關係又會釋放鎮定與刺激的神經化學物質，進一步強化大腦。看來，不用想也知道應該使用安全溝通法，不是嗎？

我們之所以會花很多精神在思考大腦、書寫大腦、談論大腦，乃是因為當初在創造安全溝通關係技巧的時候，和神經生物學家交流許久，了解到大腦的思維是會改變人的感受模式。如果想生氣，就去想讓人抓狂的事。如果想開心，就去想會讓心情愉悅的事。就這麼簡單。

當年憑著這個道理，我們成功挽救自己的婚姻，那時候我們爭執不斷，看過五個心理諮商師，其中四個被我們炒魷魚，第五個則是炒了我們！還說我們是「地獄來的夫婦」。你敢相信嗎？

當時我們婚姻前景堪憂，直到海倫讀到一本在談女性知識論及大腦的書，頓時靈光乍現。

「我們不需要離婚，只需要給大腦開刀！」

她的意思其實是我們需要讓腦海裡浮現的思緒與情緒有更好的管控，這樣話說出口的時候，才會讓我們的關係更緊密，而非更疏離。

後來，我們迷上人腦，熱衷於箇中複雜學問。人腦宛如內在宇宙，裹覆在厚實頭顱裡面的寂靜與黑暗。大腦的重量雖然只有大約一點三公斤，平均卻有八百六十億個神經元，是掌管人類一切功能的中控室，再重要也不過。[2]

多年前，兩名義大利籍科學家——一位是天體物理學家，一位是神經外科醫師——發表論文探討人腦細胞網絡和宇宙裡星系網絡之間的相似性，我們覺得非常有趣。他們認為人腦的神經網絡就像是宇宙，數十億的神經元就像是宇宙中數十億的星系。「從我們的分析可以發現，如此迷人的相似性似乎意味著這兩個複雜體系的自我組織，雖然規模與過程截然不同，很可能都是建立在類似的網絡機制原理之上。」[3]

訓練你的大腦

人的大腦雖然複雜也很有趣，其基本功用仍是要讓人活下去。要做到這一點，它會透過建立新的神經連結自我重組，這個過程稱為「神經可塑性」，第七章有談過這個概念。靠著有意識的作為可以改變人腦，這是非常振奮人心的發現。

也就是說，人可以透過思維、反應與行為的調節，強化認知能力及理性思考能力。而安全溝通法能夠讓你做到這件事，能夠站在好奇、同理與互相尊重的立場與人溝通。在溝通的過程中，你的人際關係就會變得安全，頭腦也變得冷靜。

安全溝通法可以當作改善人際關係的日常練習，讓你的情緒、身體和大腦狀態更好。我們這套流程技巧可以讓你駕馭神經可塑性的力量。

訓練大腦需要靠專注在解決問題及設定目標等積極面向，不要專注在灰心挫折等消極面向。**心思**放在哪裡，就會出現什麼**結果**。這句話可能需要反覆思考才能理解：它的意思是事情的結果取決於你做的選擇。這就是為什麼對別人表達欣賞，並且把挫折化為訴求如此重要。

一旦你在家裡、職場和生活上與人交談和往來都有安全感，你的大腦就會促進正向社會參與、培育及成長。缺乏安全感的話，你的反應就會是逃跑、戰鬥或僵滯，促使身體和大腦去因應危險，不管這個危險是真的危險，還是只是想像的。

遭遇危險時，大腦會發出遇險訊號，使腎上腺釋放大量荷爾蒙，包括腎上腺素及皮質酮。這些有害的神經化學物質會讓你不開心、焦慮、生氣。腦袋就會要你戰鬥、逃跑或者什麼也不做。

當你的下腦部感覺危險時，就算不是真的危險，還是會警鈴大作，因為想像力的作用不輸真實情境。例如，晚上被巨大聲響吵醒，就算只是街上車子放炮，你的體內神經化學物質還是會開始流竄，身體陷入極度戒備狀態，這都是因為想像力發作，開始構思最糟的情境：「不是放炮，是有人朝我們的窗戶開槍！快保護孩子和寵物，躲起來！」

記住：大腦會這樣自然反應，是因為數十萬年來處在缺乏安全感的環境，遇到不熟悉的事情時，就不得不做最壞打算。至今模式仍然相同。

雖然公司辦公室裡遇到的危險不會攸關生死，但如果主管冷眼瞪著你，或是不理睬你的會面請求，你很可能就會把它當成是生計受到威脅，大腦和身體都會陷入戒備狀態。

安全溝通法有助於克服遇險的感覺，使你更有安全感，也更放鬆。如此一來，上腦部就會正常發揮作用，下腦部則會卸除危險模式，讓身體釋出多巴胺及血清素等讓人鬆弛的腦內啡。這些神經化學物質會讓你覺得安全放鬆，你對不同意見的態度就會比較開放。有了開放態度，就更容易和別人溝通及建立良好關係，進而促進身心靈健康，人生過得更快樂。

一旦覺得有被人正視，被人傾聽，獲得尊重，你的需求就得到滿足，被人關愛，內心平靜。需求如果沒有獲得滿足（像是覺得不被正視，不被在乎，也不受尊重），你的內心會很痛苦。

神經科學家認為人的頭殼裡面這個一點三公斤重的器官是宇宙中最複雜的器官，

我們則把科學簡化，告訴你大腦只分成兩個部分：一個是鱷魚腦，另一個是智慧貓頭鷹腦。[4]當然，醫學院在教學上不會用這麼逗趣的名稱稱呼，但或許該考慮這樣稱呼，讓它好玩一點。

鱷魚腦

如果讓思緒留在下腦部，就會自然而然釋出有害神經化學物質，令你感到不舒服。當某個人對你說話，內容讓你不喜歡，你的鱷魚腦就會發作，開始產生以下念頭：

- 我絕對不同意這種看法。
- 對方是錯的。
- 我比對方聰明。
- 對方最好改變主意，否則我就要閃人。

鱷魚腦的作用在於讓人活下去，避免受傷。如果察覺到危害，就會用戰鬥、逃跑或者僵滯的方式回應。這些都是人在遇到危險的時候（不管是真的危險還是假的），能夠保護自己的內建機制。像是隔壁房間突然傳來一聲巨響，人會突然僵住。或者看到某人從門的後面跳出來，人會自然有所反應。或者看到車子朝自己衝過來，會拔腿就跑。這些反應往往跳過有意識的處理自動發生。

鱷魚一整天多半靜靜地漂在水上，一動也不動，直到午餐從牠的身邊經過。離開水面之後，牠們會在岸上打盹，看似平和無害。但如果受到更大隻鱷魚的威脅，或是有其他危害讓牠覺得不安及遭受威脅，牠就會不由自主暴怒。同樣道理，當你的鱷魚腦在作用時，焦慮或威脅感受，都會讓你不由自主發飆。

鱷魚腦不會去區分什麼是對身體的危害，什麼是對情緒的危害。被人挖苦和被人批評都一樣會產生有助於生存的皮質醇，引起戒備行為與情緒反應。這可能會讓人的手臂給咬斷。靠近一隻被惹怒的鱷魚實在很危險！

智慧貓頭鷹腦

如果練習採取安全溝通法，就可以逃離鱷魚腦模式，讓你改從新皮質（neocortex）思考、感受及運作。這種模式稱為智慧貓頭鷹腦模式。當你善用安全溝通法回應某個人，就會從上腦部產生話語基礎句。你會考量得更周延，也會更帶著意識，會用某些話語基礎句回應對方，例如：「我確認一下是否正確理解你的意思」或者「你的意思是＿＿＿＿，我的理解對嗎？」以及「還有什麼想要補充的嗎？」與其靠下腦部反應，可以改用安全溝通話語基礎句確認是否正確理解說話者的意思，這就是從大腦新皮質去反應。

假設你正在和人談話，而且不同意對方的觀點。對方可能百分之百是錯的，但在這麼認為之前，你還是要先把對方的話重述一遍，確認你沒有聽錯。因為你有在認真聽，說話者的心情會很平靜，而你花時間確認是不是理解正確，則會讓對方感受到尊重。

重述會讓你避開鱷魚腦的負能量，以及「不聽我的就滾蛋」的無效態度，反而會按照智慧貓頭鷹腦的方式運作，善用好奇心，而非自以為是。接著你就能在適當時機圓融且有禮貌地分享自己的看法。使用這種模式的額外好處是身體會釋出有益的神經化學物質，讓你心情寧靜平和，心生好奇。

智慧貓頭鷹腦能夠讓你控制內心那隻鱷魚，想得比鱷魚更好，它會組織資訊，解決問題，尋求更有創意的方法處理事情，回應會很平靜且有智慧，還會找機會和人協同合作，創造雙贏。

智慧貓頭鷹上腦部

人在利用上腦部的時候，多半會朝特定處理模式運作，也就是思考與看待這個世界的主要方式。有些人會偏向理性思考、秩序及邏輯，好比電腦的運作，一切必須合理。這種人因此擅長建立結構。

有人則是偏向視覺、情感、創造及直覺功能，擅長掌握整體面貌，能夠察覺不同觀點如何以不同方式交會。這種人多半會憑直覺行事，儘管不見得知其所以然，卻知其然。[5]

如果要和人建立良好關係，就必須善用上腦部的各個部分。有些人天生擅長其中一部分。但使用安全溝通法，就是在善用理性模式，像是請求會面談話，重述，以及請對方確認自己對他的認知是否無誤。

當你提出「還有什麼想要補充的嗎？」的時候，並且聆聽對方的理由，你就在同理對方，這就是善用情感及直覺功能。換言之，運用安全溝通法步驟，就是在整合上腦部各個部位。

困難在於必須永遠確保是由你的智慧貓頭鷹腦主導。和某個見解不同的人談話時，你得把鱷魚腦關在圍欄裡不讓它亂跑，好讓智慧貓頭鷹腦飛下來，圓融地掌管談話，讓雙方不會彼此怨恨。使用安全溝通法，就是在發揮智慧貓頭鷹腦，而大腦之所以能夠投入安全溝通，則是因為人與人的關係裡面已經有安全感。如果沒有安全感，就會任由戰鬥、逃跑與僵滯等反應主導（不論危害是否為真），進一步讓人對立，自我封閉。如果採取智慧貓頭鷹模式，人與人的間隔空間就會產生安全感，從而有好奇心去探索對方，超越差異成長。屆時就可以感受深度放鬆及喜悅連結。

第十二章 健康關係

讓我們回頭檢視這套步驟技巧如何應用在對立、高壓且緊張的當代現實世界——在這個世界裡，人們經常一言不合，關係岌岌可危。許多人每天在 Zoom 上面開會或者進公司時，都會納悶究竟是來上班的，還是走進黃蜂巢穴。

安全溝通法有助於提升你和別人或團隊共同達成目標的能力。我們稱之為實現「關係能力」，也就是撇開差異建立連結，和人有效互動的能力。

羅伯多

羅伯多在家工作，某一次和公司的資訊部門副總經理及團隊同仁一起在 Zoom 線上開會，同仁大部分也都是遠距工作。

副總經理召開會議沒多久，羅伯多的狗——名字叫金恩——就開始對著送包裹的亞馬遜外送員猛吠，聽在大家的耳裡就像是獅子怒吼。

副總經理很不高興，把整個團隊（尤其是羅伯多）痛罵了一頓，說這陣子在Zoom上面開會缺乏禮儀觀念。「有狗在叫，有人穿T恤，女生沒化妝，有些人好像是在衣櫃、洗衣間、廁所裡工作，」他埋怨道：「各位，不要讓我看到你洗衣籃裡的內褲，或是你收藏的重金屬樂團T恤！」

他的抱怨持續得比狗狗金恩的狂吠還要久，把團隊幾乎每個人都罵過一遍，說他們表現不如預期。會後資訊部同仁針鋒相對，傳訊息或寫信責怪彼此，態度從來沒有這麼對立火爆。

被罵最多的是羅伯多。有人要他提辭呈，或者要他把狗扔進收容所。批評裡面有涉及政治、種族歧視，也有很輕浮的言語。還有人質疑羅伯多的公民身分。

聽起來是不是似曾相識？不論是在職場，在家裡或是在社區，都一定有更好的溝通和相處方式。我們的安全溝通法就是答案，能夠增進傾聽的能力，提升好奇與疑惑程度，促進安全感，帶來更健康也更快樂的人生。

蕾絲莉

接著來看蕾絲莉的例子，她是一家大型科技公司的明日之星，胸懷大志且很努力，然而愈做愈挫折，因為和主管華特不合。華特因為不能安排、規劃與完成自己的份內工作，一直很焦慮，壓力也很大。

對於蕾絲莉目前這個職位例行該完成的任務及責任，兩人有很不一樣的認知。蕾絲莉認為當初應徵和會被錄取，都是基於她對這份職務內容的認知。她一再試著向華特解釋，但對方仍然叫她做不是當初錄取她要做的工作。

蕾絲莉覺得華特一直把他的工作丟給她做，因為華特自己做不完。她向部門副總經理反映，對方覺得有理，於是要華特不要再叫蕾絲莉做他的工作。

但華特仍然我行我素，甚至變本加厲，雙方多次為此大吵。後來每當華特接近蕾絲莉，她就會冒汗發抖。多了華特給的額外工作，她連自己的份內工作都做不完。

兩人的關係與溝通惡化得很嚴重，後來華特開始透過蕾絲莉的同事凱伊當中介角色。蕾絲莉很欣賞凱伊應付華特的能力，有一天，她目睹華特叫凱伊做某個工作，而她很清楚這不是凱伊的工作責任範圍。

她傾聽兩人的對話，而內容讓她聽得嘖嘖稱奇。

華特說：「凱伊，請你和軟體團隊接手這個專案。」

凱伊回應：「華特，你今天好有型哦。所以你的意思是，希望我在處理下禮拜要完成的專案的同時，要另外接手這個新專案嗎？是這個意思嗎？」

「對，但可以等到下禮拜專案完成之後再開始做。」

凱伊表示：「了解，但我想你知道這個專案需要特殊訓練和專業，而你也清楚我沒有這些能力。對吧？」

華特說：「呃，我不知道你沒有這方面的訓練和專業。」

凱伊說：「我會很樂意提升自己的能力，只要你同意的話，我可以報名參加相關培訓課程，讓我日後可以執行類似專案。當然，這代表我的薪水也會跟著成長，這是好事。那可以請你批准嗎，華特？」

「好，我想應該可以，讓我和事業部副總經理亨德森先生確認一下。你現在就專心做下禮拜要完成的專案就好。」

華特走了之後，蕾絲莉把凱伊拉到一旁。

「我看你以後會當上我們事業部副總經理，甚至是公司執行長。看你應付華特這麼厲害，我想跟你一樣！」

很顯然，凱伊的人際關係處理能力很好，讓她得以和氣和華特溝通，讓華特離開時覺得自己的話有被聽進去，而且有被尊敬，雖然凱伊其實是拒絕接手這個專案。

這就是人際關係處理能力的力量，會讓你發展出變革性的健康關係，而非只是交易性質的關係。健康關係會讓你有更深邃的人生體驗與好奇的變革力量，也讓你準備好迎接個人與職業成長新契機。

安全溝通流程的日常應用

你可以在日常生活中運用安全溝通法，以增進人際關係處理能力。技巧包括用心提升聆聽力，確保聽到的內容有理解正確，並藉由好奇與疑惑敞開心胸。這會讓大腦裡最健康的部位變得活躍，促進身心健康與喜悅。

哈佛大學一份長達七十五年的研究結果顯示，比起金錢或名聲，良好人際關係對人生幸福更重要。研究團隊追蹤哈佛大學一群上層階級的畢業班級學生，還有波士頓大學一群中產階級的學生後發現，不論是哪個社會階層，和朋友家人維持緊密關係都有助於延緩身心衰退，而且這是影響人生長遠幸福的重要因素，其重要性更勝於社會階層、智商甚至是基因。研究主持人羅伯特．瓦丁格（Robert Waldinger）指出：「研究結果意外之處在於，一個人的健康深深受到人際關係和這些關係讓他開心的程度影響。除了照顧身體很重要，照顧人際關係也是一種自我照護。我認為這很有啟發性。」[1]

數十年前，我們在那些前來傾訴遭遇，尋求治療的案主身上，就有注意到這個現象。起先我們預設他們遇到的是情緒或思維問題，或者是工作問題。後來，我們發現他們在談自己的焦慮與擔憂的時候，是用一種反覆把焦慮化為憤怒與／或憂鬱的方式來處理情緒。每次只要試圖釐清他們的憂鬱或憤怒，對方就會轉移話題開始談人際關係。

於是我們發覺在他們的表面症狀背後，其實有更深一層的焦慮。他們覺得自己在與人相處時不受尊重，痛苦的根源就在這裡。如同哈佛研究結果所指出，他們追求的就是人際關係，這是他們最在意的部分。

人的幸福與成就，都脫離不了和身邊的人建立關係，這一點無庸置疑。如果因為隔閡、爭執或溝通不良導致難以相處，職涯與社交生活也往往會不順遂。最重要的人際關係，莫過於和家人與深愛的人相處。這也是為什麼修復關係裂痕多半要從家庭做起，因為家庭是整個文明世界裡最小卻也是最強大的單位。

遺憾的是，很多時候夫妻並不正眼看待彼此，不互相傾聽，也不彼此尊重，這樣他們就會漸行漸遠，拖累整個家庭，關係破裂，甚至出現讓人難過的結局。

請用心傾聽身邊的人，確實理解對方。請對他們感到好奇，回應時帶著疑惑。如此一來，就會拉近雙方的距離，即便彼此有不少差異，對方還是會想要和你有互動，想要接觸你。

懂得處理人際關係的人，都會在適當時機運用安全溝通法裡面的基礎句。例如，你在學習人際關係處理能力時，可以用一種不是那麼嚴肅的口吻將基礎句表達出來：「關於你剛才所說的，我可不可以談談自己的看法？」又或者像是：「我確認一下是不是理解正確。」或「你還有什麼要補充的嗎？真的很有意思。」

練習這個技巧的時候，也要確保在跟人溝通談話時是零負能量，也要盡可能肯定對方。舉個例子，你可以說：「我真的覺得你的思考角度很不錯。」

人際關係處理能力就是有架構地演練安全溝通法，自發性地運用相關基礎句，避免負能量，以及規律肯定對方。重點就在要學會一視同仁地珍愛別人，甚至要比愛自己更愛對方。你會培養出不帶條件接納與珍愛對方的能力，而不管雙方的看法意見有多麼不同。

提升人際相處能力，改變世界

安全溝通步驟在兩方面很不尋常。步驟雖然相對簡單，卻能夠深深改變一個人。不少人都跟我們說，只要廣泛推廣，這套技巧可以用來治療有精神疾病的人，而且把他們治好。甚至很多時候還能在一開始就預防出現精神疾病。

艾德莉安·甘迺迪（Adrienne Kennedy）是美國國家精神疾病聯盟主席，同時是教育研究人員及精神健康政策顧問，自從上過安全溝通培訓課程後，便大力支持這套做法。在她看來，一個人身心能不能夠幸福，和他的人際關係健不健康有很大的關係。她認為安全溝通法只要好好學，好好做，大家就能夠靠著簡單但精確的步驟建立起更健康也更堅強的關係，而這會成為讓大腦更健康、身體更健康，增進韌性及喜悅的平台。

最近北卡羅萊納州立大學的新興議題研究所意識到人際失和與對立的危機，於是推出「公民對話」計畫，鼓勵不同背景的學生及社區成員「花時間進行真實且深刻的對話，所有人都要優先聆聽以便理解對方。從當前社會深陷日益增長的敵意與隔閡來看，這種對話實屬罕見。但我們志在讓它成為北卡羅萊納州的常態。」[2]

研究所設定的目標是要讓各州人民重建連結，互相學習，建立關係，找機會弭平隔閡，值得嘉許。研究所還提到其他對照計畫，像是優善天使（Better Angels），這是一個「旨在降低政治對立的全國性公民運動，做法是藉由屏除刻板印象，促進自由派與保守派互相理解。」[3]

愈來愈多國內外的人與機構開始意識到需要這種計畫，因為如果無法有效解決衝突或達成共識，不只像我們在其他著作提到的，會對夫妻與家庭產生負面影響，也會危害人與人之間的社交互動、商業關係、政府的運作效率，以及政府與他國的合作。

我們認為，世界如果充滿安全對話，政治就不會那麼極端對立，或許反而能夠重現哲學家亞里斯多德的友誼理念。在他看來，最理想的友誼是「具有美德的友誼」，也就是一起變得更好，重點不是要完成任務或享樂，而是要共同過著美好生活，協助彼此，讓雙方都更好，過著充實的人生。有美德的朋友會在對方成功時為他開心，遇困頓時給予慰藉與建議，彼此也不隱瞞事實。

亞里斯多德曾說：「人們遭遇貧困與不幸時，真正的朋友如同可靠庇護所，能讓年輕人免於誤入歧途，能給予孱弱老年人慰藉與扶持，也能激勵壯年人追求高尚行為。」[4]

霍華德大學古典學教授安妮卡・普雷瑟（Anika Prather）指出，這位哲學家希望人們了解：「友誼是社會的基石，但友誼的建立與消散也是自然的過程，有助於社會茁壯。這是人類本性的自然現象。」[5]

我們深信安全溝通步驟與技巧有助於增進具有美德的友誼，帶來更有成效的人際關係，使人類進入演化的下個階段。我們有意透過各種語言推廣安全對話，讓全世界不同背景觀點的人們都能溝通融洽，關係也融洽。

選擇如何溝通

以下是運用安全溝通法解決職場衝突的實例。

主管史蒂夫走向員工艾絲特，告訴她：「倉庫裡有幾種品項的庫存不足。你沒有確保庫存充足，我覺得很不應該。」

艾絲特答道：「我沒辦法加訂，因為已經超過每月預算。」

史蒂夫激動地說：「你應該來找我申請更多預算，而不是放任庫存見底！」

兩人的對話變成針鋒相對，解決不了問題。史蒂夫更加惱怒，因為他想要也需要庫存品項，艾絲特則備感威脅，但她其實不能控制預算。

在與同事或主管互動時，人們可以選擇反射性或有意識地應對。亦即，面對頻繁相處的上司、同事、配偶、家人等人，可以選擇對他們發脾氣，或者選擇用智慧回應。

而這取決於你想善用大腦的哪一區塊，看是要運用下層的鱷魚腦，或者上層的智慧貓頭鷹腦。你可以選擇克服反射性思維（易怒情緒）並以有意識、理性的方式（智慧）回應，從而轉向好奇（成長）。

如果一群同事都是用反射模式在談話，業務效率會受到影響，帶來成本負擔，多寡則視企業規模而定，有可能是數十萬美元，甚至達數百萬美元。回顧先前在企業情境運用安全談話一章提到的，就知道易怒情緒的代價十分昂貴。不妨試著以理性與智慧方式應對。如果將安全溝通法用在史蒂夫與艾絲特的對話，艾絲特應該先把史蒂夫說的話重述一遍，然後問對方自己的理解是否正確，這種回應才是理性且有智慧。

艾絲特：你發現倉庫裡一些品項快沒了，想知道為什麼庫存不足。我的理解正確嗎？

史蒂夫：對，我當初要你確保每種品項一定要有三件庫存，現在卻有好幾種品項庫存少於三件。

艾絲特：我懂了，而且也知道為什麼你會不高興。但因為這個月的預算已經超支，我打算下個月初再補充庫存。如果你想要的話，我可以請主管申請更多經費來補充庫存，這樣就不會再造成庫存缺貨。

史蒂夫：謝謝，那就看看主管是否同意這樣做。感謝你幫忙解決這個問題。

艾絲特和史蒂夫非但沒有爭吵，反而冷靜有禮地展開商量，讓問題很可能圓滿解決，而非陷入情緒化、易怒且針鋒相對的爭論，因為這麼做只會讓人血壓升高，工作環境也變得不健康。

向主管溝通不滿情緒的替代做法

美國西部淘金熱的年代，在溪流河川淘金的人常遇到礦權掠奪者闖入地盤，只要當地證實有找到黃金，便試圖將採礦權據為己有。

這種不道德的行為，換作是當今的辦公室情境，或許可稱之為「功勞掠奪者」。大家應該都遇過無恥同事或主管為了求晉升，把別人的成果據為己有，真正該被提拔的人反而無法如願以償。

以下是一個例子：

暴躁弗雷德：喂，傑森，你在會議中提議業務和行銷團隊一起開會，這明明是我的點子，你卻當成是自己的！真不厚道！

睿智弗雷德：傑森，你現在有空嗎？想跟你談一下今天早上的會議。我想跟你談談你提出的建議：要讓業務和行銷團隊一起開會。現在方便嗎？

睿智傑森：我現在有空。

睿智弗雷德：首先，我很欣賞你用激發大家興趣的方式提出新的建議，而且說得很清楚。

睿智傑森：你的意思是說，你欣賞我把新的建議說得很清楚，而且能夠激起大家的興趣。是這樣嗎？

睿智弗雷德：沒錯。但有一件事讓我不太舒服，那就是你沒有在會議上跟大家說，這個建議其實是我告訴你的。

睿智傑森：你是說，因為我沒有告訴大家業務行銷兩個團隊一起開會的提議是由你提出的，所以你很不舒服。對嗎？還有什麼要補充的？

睿智弗雷德：對，就是這樣。沒有其他要補充。

睿智傑森：我了解了，而且能夠理解你為什麼會不高興。沒有告訴整個團隊這個點子是你提出的，想必讓你覺得被人背叛。你是這樣覺得，對嗎？

睿智弗雷德：就是這樣，謝謝你的理解。大部分人都希望自己的好點子和功勞能獲得認可，我也不例外。你如果想把我的爛點子和爛攤子當成是自己的，我倒是不介意啦。

最後一句話倒是不太明智，但你知道我的意思就好。工作和生活上其實是有更具成效的方式可以處理問題，重點在於你要放下易怒情緒，選擇用理性和智慧面對。

下面另一個例子，角色分別是安德烈和主管阿瓦雷斯先生。

情緒化的安德烈：阿瓦雷斯先生，每次我提出想法都不被你重視。我不幹了！

理性的安德烈：阿瓦雷斯先生，方便現在跟你聊聊嗎？

阿瓦雷斯先生：可以，現在方便。

理性的安德烈：首先，謝謝您抽空聽我說話。我想說的是，每次我提出想法時，您都沒有回應。從您這邊得不到反饋或回應，讓我覺得很沮喪。

阿瓦雷斯先生：讓我確認有理解你的意思。你感謝我抽空聊聊對於你提出想法時給你的感受。據我了解，你覺得我沒有針對你提出的想法給予回應，而這讓你很沮喪。是這樣嗎？還有什麼想要補充？

理性的安德烈：對，沒錯。我沒有其他要補充。

阿瓦雷斯先生：我了解了，也可以理解為什麼你會沮喪。我這麼做讓你覺得不受正視，也不被傾聽，你的感受是這樣嗎？

理性的安德烈：對。

阿瓦雷斯先生：謝謝你讓我知道。你的想法值得被認可，從現在開始我會盡力認可你的想法。

理性的安德烈：謝謝您願意傾聽，也告訴我我的想法值得被認可，而且日後也會這樣做。

職場上私人衝突的替代溝通方法

就算只用含蓄且真誠傾聽的方式表達情緒，也能改變雇主與員工的互動。以下是一個同事之間用不情緒化方式表達心煩的例子：

情緒化的丹妮爾：蘇菲亞，你的原子筆一直按個不停，我快抓狂了。不要那麼煩好不好！

理性的丹妮爾：嗨，蘇菲亞，現在有空嗎，我想跟你聊一下我的苦惱。

蘇菲亞：可以，我現在有空。

理性的丹妮爾：蘇菲亞，我很欣賞你處理專案很盡責，也謝謝你抽空聽我談我的苦惱。我想說的是，我對一再反覆出現的聲音很敏感，聽到你常常按壓原子筆，這個聲音會讓我很難專心工作。

蘇菲亞：你的意思是，你欣賞我工作盡責的態度，也感謝我抽空談談你對我的不滿。而且你想讓我知道，你對反覆出現的聲音很敏感，我不斷按壓原子筆會讓你難以專心工作。我的理解對嗎？還有其他要補充的嗎？

理性的丹妮爾：對，你沒說錯。目前沒有其他要補充的。

蘇菲亞：我了解了，也能夠理解為什麼你會很難專心。可以想見，聲音響個不停會讓你覺得很煩，因為會干擾你工作。你是不是這樣覺得？

理性的丹妮爾：對。

蘇菲亞：我會盡量不再按壓原子筆。這是我用來集中注意力的焦躁習慣，但我可以理解這會讓你覺得很干擾。我會儘量記住你對反覆出現的聲音很敏感，不要在你面前這麼做。謝謝你讓我知道。

理性的丹妮爾：謝謝你的理解，蘇菲亞。

以上例子顯示，安全溝通法不只能夠在你和對方有看法差異的情況下，讓你和任何人談話，還能營造出一種安全感，使上層智慧貓頭鷹腦有最好的發揮。

健康大腦與健康關係的重點總結

神經科學家近年來發現，人的大腦不只是單單追求基本生存，還有其他策略性功能。這個神經系統倚賴人與人往來互動，才能確保健康與生存。也就是說，人際關係的好壞，會影響自身的物理生存。[6]

一段健康關係給人的安全感，會使大腦積極促進社交互動與培育成長活動。

人與人的關係如果很安全，下腦部會變得鬆懈，使身體釋出腦內啡及血清素，讓人感到平靜放鬆。這些經由血液釋出的神經化學物質能夠促進更健康的人際關係與身體狀態，讓人過得更快活，也更長壽。

反觀遇到危險時，人的身體系統會進入警戒狀態，原始大腦發送求救訊號，使腎上腺大量釋出腎上腺素和皮質醇等荷爾蒙，這些都是有害的神經化學物質，會讓人焦慮、生氣，甚至攻擊他人。

只要運用安全溝通法，就能建立安全感。你的身體會因此放鬆，上腦部得以充分運作。安全溝通法有一個神奇基礎句，那就是「還有沒有什麼想要補充？」。這句話之所以格外重要，是因為能夠讓人由評斷的心態轉為好奇與疑惑。人只要有疑惑，就會敞開心胸，對彼此產生前所未有的深刻認識。疑惑還會讓大腦充滿神經化學物質，讓大腦放鬆且延長壽命。只要我們願意花時間，這種極度放鬆與愉悅的人際連結一定能夠不斷延伸拓展下去。

結語

人們只要透過更有效的傾聽來理解彼此的觀點，就不會再堅持對方必須認同自己的想法。溝通的時候除了說，也要聽，這樣就更有可能掌握與理解對方的觀點和立場，也會養成對參與對話的各方給予關照及理解。對話如果是互相尊重的，就不會有評斷，而是會對其他人及周遭世界展現好奇。

我們深信，改變**人們彼此談話的方式**，就能決定歷史之軸如何轉動。

秉持這樣的信念，我們給自己設立目標，要在三十年內將安全溝通法傳授給二十五億人，也就是二〇五〇年全球預估人口的百分之二十五，旨在協助人類社會演化邁向下一個階段，也就是第四階段。

這個新階段會取代人類目前身處的第三階段個人時代。第三階段已經取代第二階段農業時代。更早的第一階段則是部落時代。人類的下一步，就是邁入關係時代，以確保我們這個物種不僅能夠生存，還會生存得很好，脫胎為全新的地球人。

嶄新全球文明願景，缺你不可

安全談話不只是新的溝通模式，更是讓所有人變得更好的全新相處之道。人與人離不開連結，個人福祉與集體福祉緊密相扣。有了這種認知，就會產生新的價值體系，也可望形成一個全新的文化，其中的社會體系更加注重合作與平等，營造人類共同追求的安全感、連結與愉悅，從而讓夫妻、家庭及個人過得更健康。

為了實現這個願景，請你跳脫當今世界的對立爭吵，試著想像：

- 世上夫妻健康快樂，孩子成長活躍，互相培育鼓勵。
- 校園安全無虞，免於暴力或恐懼，孩子課業優秀，隨時有好奇心。
- 企業優先關注員工及社區民眾的關係福祉，同時創造就業機會，財務表現佳。
- 組織善用多元意見、多元觀點與多元人才的力量，與世界共榮。
- 教會成員相處融洽，互相扶持，同理彼此，致力讓世界變得更美好。
- 社區讓人人安心且融洽，對誰都友好。
- 政治體系致力於自由、平等、積極包容，擁抱多元。

- 國家遠離戰火摧殘的年代，人們不再以獨白方式表達自我，或是角逐控制與獨霸，不願為所有人的福祉合作。

為實現上述願景，需要在以下環境中採取安全溝通法：

- **家庭**：使其成為人人覺得受保護與茁壯的安全場域，確保家庭完整及免於貧困。光是這樣就能夠預防多數的個人與社會問題。
- **課堂**：使其成為學生互動融洽以及學業進步的場域。
- **教會**：人人不論異同，均可融洽共處。
- **工作場所**：使員工感受到被正視、被傾聽、被尊重（進而影響他們的社區），利潤隨之成長。
- **組織**：讓技巧為社區所用。
- **事故處置的第一線人員**：使其捨棄強制力，改採取正向社會參與。
- **刑事司法體系**：使其調整懲戒為本的正義理念；因為行為人兒時承受認知與情緒創傷，導致反社會行為，從而需要刑事司法體系的介入，因此要從懲戒改成修復創傷。

- **監獄**：使其成為關係福祉的重鎮，藉由安全溝通法的傳授，讓受刑人回歸社會時得以獲益。
- **社會運動**：使其運用正面社會參與，取代對立。
- **政治組織**：使其敬重接納差異，讓差異成為推動利於利害關係人的立法契機。
- **專業組織**：使其構建理念推動關係福祉，讓關係福祉當作所有教育方針和實施策略的最終依歸。

我們之所以深信這些都是做得到的，乃是基於某個鮮為人知的事實，那就是人們的對話方式是價值體系的具象呈現，而價值體系會隨著時間演變為社會、政治、經濟與宗教制度。安全溝通法有助於建立橫向人類體系，取代獨白式談話的垂直人類體系。橫向人類體系很安全，也支持人人自由平等、包容，並且頌揚差異。

一旦實現人人自由平等，頌揚差異，講究全面包容的關係世界，我們就可以說，所有文明都是人們適應環境的結果，而外部變化會改變大腦。

優先注重關係，腦袋的神經迴路就會跟著重組，使焦慮且反應過度的鱷魚腦得以平靜，改讓有同理心的智慧貓頭鷹腦更發達。如此一來，人類就能過著時時好奇，處處平和的人生，共同生活能力更上一層樓。

優先注重關係也會挑戰大腦的自利預設模式，人的大腦是社會性的，與人建立連結是基本的現實。個人的利益與群體福祉脫不了關係。這是徹底顛覆人類各個生態系的互動關係，使「關係優先」成為一種倫理的實踐過程。

推廣理念

在此鼓勵你於日常生活多多運用安全溝通基礎句，不論是在與親近者互動，和上司及同事進行企劃會議，和教會同儕商量拓展策略，或是和選民溝通立法規劃。

有了安全溝通這項利器，請你運用到人生各個層面，讓自己參與全球轉型。我們敬邀你創造漣漪，讓所有人一同朝世界和平與全球喜悅邁進，屆時安全溝通將會是人類新的共通語言，取代獨白。即使人們之間有差異，仍然可以對話，互相支持，有效合作。

一旦安全溝通實踐更加廣泛，其理論可望改變人類生活的價值體系。期待人類的集體意識可以從注重個人自我與個人獨立，變成共同體意識更為強烈的緊密互相依賴。

過去三百年來，人類的進步來自促進個人的福祉。人類未來的進步則是來自注重所有關係，讓關係成為優先。這最終會催化出新的、建立在關係價值體系的共同體，這個關係價值體系成為一種生活方式，也是和他人共存之道。

全球人類只要重視這件事，這個世界就再也不會是以個人為中心運作。人與人便能共存，互動欣欣向榮。

這會是多麼美好的世界！

補充資源

如欲了解哈維爾與海倫提供的關係教育資訊，請上 www.HarvilleandHelen.com，您可於官網：

- 購買書籍、電子書及線上課程。
- 瀏覽文章、播客，也可望獲得參與特別活動的機會，如哈維爾與海倫兩人共同主持的線上研討會。
- 掌握兩人舉辦的工作坊最新資訊，以及講座規劃。
- 參與推動健康關係的全球使命。

量子連結組織旨在將安全溝通（Safe Conversations®）方法學與技巧的變革力量帶到小公司、大企業、全球宗教社群、教育機構、社區組織、個人、夫妻與家庭。量子連結建立在神經科學與量子社會科學基礎之上，提供全面且結構完善的培訓計畫，為了促進所有人際互動採取安全溝通重要技巧，讓人們能夠交談但不批判，傾聽且不帶評斷，以便超越彼此分歧，互動融洽。我們的客戶獲得的價值是具體、可衡量的，因為表現良好的各個團隊不再各自為政，並且打破傳統企業及傳統文化疆界，使組織從單向獨白溝通轉為雙向對話，最終顯著提升員工參與度、留任率及包容性。

量子連結培訓課程背後的安全溝通方法學與技巧基礎，已歷經四十多年的發展與改良，均屬亨卓克斯博士與杭特博士兩位創辦人的智慧財產。該課程所採用的方法學證實有效，技巧經過時間考驗，加上技巧開發模式，三者共同構成《得到你要的愛情》這本兩位創辦人合寫的暢銷書的基礎，這本書自一九八八年上市以來，全球銷售逾四百萬冊。

www.QuantumConnections.com

心像式關係國際事業（Imago Relationships International, IRI）由哈維爾・亨卓克斯博士與海倫・樂凱莉・杭特博士共同創立，致力協助夫妻與個人建立穩固美滿的關係。全球有超過兩千五百位取得認證的心像式關係治療師，服務範圍逾六十個國家。

IRI專門提供頂尖資源，讓有志接受培訓的治療師與一般大眾均能了解心像式關係法的內涵。您可藉由「心像式臨床與輔導培訓課程」，掌握理論概觀及應對人際關係的重要技能。

www.ImagoRelationships.org

致謝

一本書能夠完成，總是少不了作者以外許多人的幫助。本書尤其得益於很多人的重要貢獻。

首先最要感謝大力倡導心像式關係的歐普拉，多虧她在一九八八年的《歐普拉脫口秀》介紹我們寫的《得到你要的愛情》這本書，還在往後二十年多次推薦，才會讓心像式關係與對話流程舉世矚目。

隨著歐普拉帶來全球能見度，許多治療師加入了心像式臨床訓練計畫，早期加入者包括尤金・薛利（Eugene Shelley）、溫蒂・帕默・派特森（Wendy Palmer Patterson）和柯曼，這些人都將對話融入治療過程。至於讓安全溝通法及團體溝通對話法走出診療室，進入大眾視野，則得歸功於德多及沃曼兩位治療師，他們將這些技巧投入非臨床場合的應用，例如國與國之間的和平談判，以及工會、社區、企業及大學等場合的協商。感謝鮑布・派特森（Bob Patterson）率先提出要把心像式關係當成社會使命，而且說了一句聞名遐邇的話：「一次改變一對夫妻，從而改變世界」。

雖然這本書是由我們完成，但當中的靈感與內容，是我們與專業同僚、企業、教育人士、治療專家及許多夫妻數十年來針對安全溝通變革力量討論的成果。礙於篇幅，以及避免遺漏某些人，無法一一在此致謝，謹特別針對少數直接參與資料查找、內容撰寫、管理工作及出版製作的人士，表達謝意。

首先感謝寫作夥伴魏斯・史密斯（Wes Smith），本書風格得歸功於他卓越的組織能力、研究強項與靈活文筆，除了聰明掌握本書概念與主題範圍，更是生花妙筆，能夠用淺顯易懂的文字將抽象概念與複雜的方法學介紹給專家及大眾，讓安全溝通法成為新的溝通模式，迎向嶄新關係文明。

其次要謝謝薩南・洪恩（Sanam Hoom）三十多年來協助管理我們繁忙的專業人生，為各個計畫提供後援，本次計畫亦不例外，她不僅協助確保出版進度順利，負責和出版社溝通細節，這本書提到的大部分案例故事，也都是她找到的。如果沒有她的協助，這些個人故事肯定不會那麼豐富。

接著要感謝參與安全溝通與心像式組織的人士和我們分享自己的故事，這本書就是安全溝通法強大威力的親眼見證。雖然書中沒有提到所有人的想法，但是書寫過程及細節仍然有受到他們的影響。感謝名單如下（可能有所遺漏）：克萊（Clay）與桑雅・阿諾（Sonja Arnold）、赫列特・阿薩（Helit Assa）、波莉安娜（Pollyanna）與鮑德溫・巴恩斯（Baldwin Barnes）、麥可（Michael）與南希・布萊恩特（Nancy Bryant）、莫兒・拜爾斯（Mo Byres）、約翰・卡斯卓諾瓦（John Castranova）、羅納德・克拉克（Ronald Clark）、麥可・迪帕羅（Michael DiPaolo）、凱西・格林（Cassie Guerin）、莫瑞拉・黑摩（Morella Hammer）、羅賓・希爾斯（Robin Hills）、麥可・考夫曼（Michael Kaufmann）、詹姆斯・甘迺迪（James Kennedy）、瑪雅・柯曼（Maya Kollman）、大衛・勞森（David Lawson）、黛博拉・林洪（Deborah Lindholm）與山謬爾・梅森（Samuel Mayson）、卡莉・邁爾斯（Carlee Myers）、裘蓮娜・妮可兒（Jolena Nicol）與伯格・普瑞托利奧斯（Burger Pretorius）、麗莎牧師博士（Rev. Doc Lisa）、艾蓮娜・羅森布朗拉比（Rabbi Elana Rosen-Brown）、大衛・盧德尼克（David Rudnick）、索納利・瑟德奇（Sonali Sadequee）、荷西・索托（Jose Soto）、梅拉・泰米爾（Meira Tamir）、艾爾・德多（Al Turtle）、詹恩・烏拉諾（Jen Urano）、歐莉・沃曼（Orli Wahrman）、樂雪柔・沃克（LaSheryl Walker）。

特別感謝夏洛特・雷格（Charlotte Legg），她是安全溝通領袖社群得以成長茁壯的關鍵角色，並且協助收錄他們的故事。她始終堅定且熱情支持我們的工作。

也要感謝摩根大通紐約分行的高層蘿拉・戴維斯（Laura Davis），她從這個計畫多年前推出的時候就大力支持。

非常感謝丹尼爾・席格（Daniel Siegel）及卡洛琳・韋奇（Caroline Welch）為本書寫序，也感謝他們的友誼，以及在人際神經生物學領域給予專業指導。

還要感謝出版團隊，沒有他們，就不會有這本書！米勒出版經紀公司的奧斯汀・米勒（Austin Miller）是我們的經紀人，他和公司創辦人暨執行長詹恩・米勒（Jan Miller）從一開始就理解我們的願景，後來為我們找到再適合不過的W出版集團。感謝W出版集團的副發行人史黛芬妮・紐頓（Stephanie C. Newton）和資深編輯蘿倫・布里吉斯（Lauren Bridges）針對手稿細心提供意見，並建議以對話呈現。

最後要感謝我們組織——現稱為量子連結——的執行長丹尼斯・霍蘭（Dennis S. Holland）。在他領導之下，安全談話方法學與相關技巧得以散播至各個生態體系，正向成長，離我們設想的真正關係文明願景又更接近一步。

參考資料來源

導讀

1. Oprah's Super Soul Sunday, "Alanis Morissette on Oprah's Super Soul Sunday Discussing Safe Conversations," *Vimeo WFAA Production*, October 18, 2018, https://vimeo.com/295856819.
2. Liz Mineo, "Good genes are nice, but joy is better," The Harvard Gazette, April 11, 2017, https://news.harvard.edu/gazette/story/2017/04/over-nearly-80-years-harvard-study-has-been-showing-how-to-live-a-healthy-and-happy-life/.

第一章

1. David Smith, "It's just gotten crazy: how the origins of Covid became a toxic US political debate," *The Guardian*, February 28, 2023, https://www.theguardian.com/world/2023/feb/28/lab-leak-natural-spill-over-how-origins-covid-us-political-debate.
2. William G. Gale and Darrell M. West, "Another Civil War?" Brookings Institution, September 16, 2021, https://www.brookings.edu/articles/is-the-us-headed-for-another-civil-war/.
3. Gale and West, "Is the US headed for another Civil War?"

4. Marnie Hunter, “FAA numbers confirm it—2021 was terrible for bad behavior in the skies,” CNN, updated January 13, 2022, https://www.cnn.com/travel/article/unruly-airline-passengers-faa-2021/index.html.

5. Hunter, “FAA Numbers Confirm It.”

6. Jenn Brown, “The Art of Listening: An Interview with Harville Hendrix and Helen LaKelly Hunt,” Be Here Now Network, 2019, https://beherenownetwork.com/the-art-of-listening-an-interview-with-harville-hendrix-and-helen-lakelly-hunt/.

7. Carlo Rovelli, *Helgoland: Making Sense of the Quantum Revolution* (New York: Riverhead Books, 2021).

8. William Wordsworth, “Ode: Intimations of Immortality from Recollections of Early Childhood,” in *Poems in Two Volumes*, ed. Helen Darbishire (Oxford: Clarendon Press, 1952), 321–332.（詩作譯文引自《華茲華斯抒情詩選》，楊德豫譯，書林出版社，2012）

9. Edward Tronick, “Still Face Experiment,” YouTube, uploaded July 27, 2022, http://www.youtube.com/watch?v=f1Jw0-LExyc.

10. Kirk J. Schneider and Sayyed Mohsen Fatemi, “Today’s Biggest Threat: The Polarized Mind,” *Scientific American*, April 16, 2019, https://blogs.scientificamerican.com/observations/todays-biggest-threat-the-polarized-mind/.

11. Gavin Evans, “ ‘Be Like Mike’: The Story Behind Michael Jordan’s Iconic Gatorade Commercial Song,” Complex.com, May 6, 2018, https://www.complex.com/sports/a/gavin-evans/be-like-mike-michael-jor-

dan-gatorade-commercial-song.

12. A. H. Maslow, "A Theory of Human Motivation," *Psychological Review* 50, no. 4 (1943): 370–96, APA PsychNet, https://psycnet.apa.org/doi/10.1037/h0054346.

13. T. Hutman and M. Dapretto, "The Emergence of Empathy During Infancy," *Cognition, Brain, Behavior: An Interdisciplinary Journal* 13, no. 4 (2009): 367–90, APA PsychNet, https://psycnet.apa.org/record/2009–24085–002.

第二章

1. Martin Buber, *I and Thou*, trans. Walter Kaufmann (New York: Touchstone, 1996).

第三章

1. Lydia Denworth, "Making Eye Contact Signals a New Turn in a Conversation," *Scientific American*, September 21, 2021, https://www.scientificamerican.com/article/making-eye-contact-signals-a-new-turn-in-a-conversation.

第四章

1. Tara Van Bommel, "The Power of Empathy in Times of Crisis and Beyond," Catalyst, 2021, https://www.catalyst.org/reports/empathy-work-strategy-crisis/.

2. Van Bommel, "The Power of Empathy."

3. Nelle Morton, "The Rising Woman Consciousness in Male Language Structure," *Andover Newton Quarterly* (Andover Newton Theological School, University of Illinois at Urbana-Champaign, March 1972): 171–90.

第五章

1. Kathryn P. Brooks and Christine Dunkel Schetter, "Social Negativity and Health: Conceptual and Measurement Issues," *Social and Personality Psychology* 5, no. 11 (November 2011): Compass, https://doi.org/10.1111/j.1751–9004.2011.00395.x.
2. Rick Hanson, *Buddha's Brain: The Practical Neuroscience of Happiness, Love & Wisdom* (Oakland, CA: New Harbinger Publications, 2009) 40–45.

第六章

1. Harvard Medical School, "Giving thanks can make you happier," Harvard Health Publishing, August 14, 2021, https://www.health.harvard.edu/healthbeat/giving-thanks-can-make-you-happier.
2. Harvard Medical School, "Giving thanks."

第七章

1. Elizabeth Perry, "What is neuroplasticity and why is it important?" BetterUp (blog), September 29, 2021, https://www.betterup.com/blog/what-is-neuroplasticity.

2. Louis J. Cozolino, *The Neuroscience of Human Relationships: Attachment and the Developing Social Brain*, 2nd ed. (New York: W. W. Norton & Company, 2014).

3. Daniel J. Siegel, *The Mindful Brain: Reflection and Attunement in the Cultivation of Well-Being* (New York: W. W. Norton & Company, 2007).

4. M. Grawitch, M. Gottschalk, and D. C. Munz, "The Path to a Healthy Workplace: A Critical Review Linking Healthy Workplace Practices, Employee Well-being, and Organizational Improvements," *Consulting Psychology Journal Practice and Research*, 58, no. 3 (2006): 129–47, APA PsycNet, https://psycnet.apa.org/doiLanding?doi=10.1037%2F1065–9293.58.3.129.

第八章

1. Robert Fulghum, *All I Really Need to Know I Learned in Kindergarten: Uncommon Thoughts on Common Things* (New York: Ivy, 1988).

第九章

1. Amanda May Agathagelou, "Individual Psychodynamic Development: The Imago Relationship Approach in Organisational Context" (PhD diss., University of South Africa, September 2013), https://uir.unisa.ac.za/bitstream /handle/10500/13371/thesis_agathagelou_am.pdf.

2. Rebecca Sears, "Managing Group Diversity: Communologue Training," The Imago Center, accessed April 17, 2024, https://imagocenterdc.com/managing-group-diversity-communologue-training.

3. Max Zahn, "Puerto Rico's power grid is struggling 5 years after Hurricane Maria. Here's why," ABC News, September 22, 2022, https://abcnews.go.com/Technology/puerto-ricos-power-grid-struggling-years-hurricane-maria/story?id=90151141.

4. Nishant Kishore et al., "Mortality in Puerto Rio after Hurricane Maria," *New England Journal of Medicine* 379, no. 2, (July 2018): 162–70, https://doi.org/10.1056/NEJMsa1803972.

5. Margaret J. Wheatley, *Turning to One Another: Simple Conversations to Restore Hope to the Future* (San Francisco: Berrett-Koehler, 2014).

6. "Liberia: Foundation for Woman Partners with Change Agent Network to Introduce Safe Conversations to Liberia," *FrontPage Africa*, news release, November 21, 2022, https://frontpageafricaonline.com/news/liberia-foundation-for-women-partners-with-change-agent-network-to-introduce-safe-conversations-to-liberia/.

7. Simeon Wiakanty, "Liberia: Foundation for Women Embark[s] on Dialogue Series Safe Conversations," *Daily Observer*, July 18, 2023, https://www.liberianobserver.com/liberia-foundation-women-embark-dialogue-series-safe-conversations.

8. Will at DJ Raw Productions, "Safe Conservations in Liberia," YouTube video, 4:49, December 21, 2021, https://www.youtube.com/watch?v=TB4vdjrVFJs.

9. Donald Gibbon, "An Application of Communologue: United Way of Kootenai County," Al Turtle, November 11, 2006, https://www.alturtle.com/archives/970.

10. Donald Gibbon, "The Israeli-Palestinian Imago Project," Imago RLI, 2007, https://www.imagorli.co.il/

an-introduction-to-imago/the-israeli-palestinian-mago-project.
11. Gibbon, "The Israeli-Palestinian Imago Project."
12. Gibbon.
13. Gibbon.
14. Orli Wahrman, interview by Sanam Hoon, March 28, 2023.
15. Wahrman, interview; Orli Wahrman, email to Sanam Hoon, November 28, 2023.
16. Gibbon, "The Israeli-Palestinian Imago Project."

第十章

1. Peter Amato, "The Blow-By-Blow on Remote Work Conflict," My Perfect Resume.com [2021 Study], accessed April 17, 2024, https://www.myperfectresume.com/career-center/careers/basics/remote-work-conflict.
2. Helen LaKelly Hunt, "Safe Conversations and Corporations: A Stronger Bottom Line and More Gender Equity," April 8, 2020, https://static.safeconversations.com/sc1/2020/05/09141439/safe-conversations-and-corporations_a-stronger-bottom-line-and-more-gender-equity.pdf.
3. Jim Harter, "U.S. Employee Engagement Needs a Rebound in 2023," Gallup, January 25, 2023, https://www.gallup.com/workplace/468233/employee-engagement-needs-rebound-2023.aspx; *State of the Global Workplace: 2023 Report*, Gallup, 2023, https://www.gallup.com/workplace/349484/state-of-the-global-workplace.aspx.

4. Harter, "U.S. Employee Engagement."

5. Harter.

6. Elaine Houston, "The Importance of Positive Relationships in the Workplace," Positive Psychology, December 30, 2019, https://positivepsychology.com/positive-relationships-workplace/.

7. David Grossman, "The Cost of Poor Communications," *Holmes Report* (blog), PRovoke Media, July 16, 2011, https://www.provokemedia.com/latest/article/the-cost-of-poor-communications, in "The Cost of Poor Communications: The Business Rationale for Building This Critical Competency," Society for Human Resource Management, February 19, 2016, https://www.shrm.org/topics-tools/news/cost-poor-communications.

8. Prudy Gourguechon, "Start the New Year by Learning to Avoid Bad Business Relationships," *Forbes*, January 1, 2018, https://www.forbes.com/sites/prudygourguechon/2018/01/01/start-the-new-year-by-learning-to-avoid-bad-business-relationships.

9. Josh Bivens and Jori Kandra, "CEO pay has skyrocketed 1,460% since 1978," Economic Policy Institute, October 4, 2022, https://www.epi.org/publication/ceo-pay-in-2021/.

10. Charles Duhigg, "What Google Learned from Its Quest to Build the Perfect Team," *New York Times*, February 25, 2016, https://www.nytimes.com/2016/02/28/magazine/what-google-learned-from-its-quest-to-build-the-perfect-team.html.

11. Hanson, *Buddha's Brain*, 40–42.

12. Hanson, 40–42.

13. M. Grawitch, M. Gottschalk, and D. C. Munz, "Healthy workplace."
14. Benjamin Laker, "Culture Is a Company's Single Most Powerful Advantage. Here's Why," *Forbes*, April 23, 2021, https://www.forbes.com/sites/benjaminlaker/2021/04/23/culture-is-a-companys-single-most-powerful-advantage-heres-why/?sh=4aee2b88679e.
15. Daniel J. Siegel, *The Mindful Brain*.
16. Hunt, "Safe Conversations and Corporations."

第十一章

1. Kelly Bilodeau, "Fostering Healthy Relationships," Harvard Health, July 1, 2021, https://www.health.harvard.edu/mind-and-mood/fostering-healthy-relationships.
2. "11 Fun Facts about Your Brain," Northwestern Medicine, October 2019, https://www.nm.org/healthbeat/healthy-tips/11-fun-facts-about-your-brain.
3. F. Vazza and A. Feletti, "The Quantitative Comparison Between the Neuronal Network and the Cosmic Web," *Frontiers in Physics* 16, November 2020, https://doi.org/10.3389/fphy.2020.525731.
4. Seymour Boorstein, *Who's Talking Now: The Owl or The Crocodile* (Bloomington, IN: AuthorHouse, 2011).
5. Mayfield Brain & Spine, "Anatomy of the Brain," Mayfield Clinic, updated April 2018, https://mayfieldclinic.com/pe-anatbrain.htm.

第十二章

1. Liz Mineo, "Good Genes Are Nice, but Joy Is Better," *Harvard Gazette*, April 11, 2017, https://news.harvard.edu/gazette/story/2017/04/over-nearly-80-years-harvard-study-has-been-showing-how-to-live-a-healthy-and-happy-life/.

2. Maggie Woods, "Civic Conversations—Building Relationships One Conversation at a Time," Community Engagement Learning Exchange (blog), University of North Carolina, August 4, 2019, https://cele.sog.unc.edu/civic-conversations-building-relationships-one-conversation-at-a-time/.

3. Woods, "Civic Conversations"; Braver Angels, accessed January 3, 2024, https://braverangels.org/.

4. Aristotle, "Book VIII" in *Nicomachean Ethics*, trans. Roger Crisp (Cambridge University Press, 2014), 141.

5. Anika Prather, "Understanding Friendship Through the Eyes of Aristotle," Antigone Journal, March 2021, https://antigonejournal.com/2021/03/understanding-friendship-through-aristotle/.

6. Tao de Haas, "The Brain in Relationships," About My Brain (blog), October 31, 2010, https://www.aboutmybrain.com/blog/the-brain-in-relationships.

作者簡介

哈維爾・亨卓克斯博士（Harville Hendrix, PhD）

亨卓克斯博士的治療師暨教育者職涯始於一九六五年，當時他在大芝加哥地區牧靈輔導中心擔任臨床主任。一九七〇年取得心理學與神學博士學位後，在德州達拉斯南方衛理公會大學的波金斯神學院任教九年，並於一九七九年開業從事治療。

他於一九七七年與海倫・樂凱莉・杭特相遇，一九八二年結婚。兩人共同創立用來諮商夫妻的心像式關係療法，合著三本榮登《紐約時報》排行榜的暢銷書，分別是《得到你要的愛情》、《守住獲得的愛情》（*Keeping the Love You Find*）與《給予療癒的愛》（*Giving the Love that Heals*），還有《愛的收受》（*Receiving Love*）、《讓婚姻變單純》（*Making Marriage Simple*）、《間隔空間裡的心像式關係治療》（*Doing Imago Relationship Therapy in the Space-Between*），以及另外六本探討人際關係的著作。心像式關係治療曾經在《歐普拉脫口秀》登場十七次，其中一次更為歐普拉奪得日間脫口秀「最佳社會救贖」獎項。心像式關係治療也出現在各大電視及廣播節目，獲得無數報章媒體報導。

哈維爾與海倫成立心像式關係治療協會，目的是要培訓治療師熟悉心像式流程，並且開發工作坊給夫妻及單身者參加。後來治療協會更名為心像式國際培訓協會（Imago International Training Institute），所內成員四十人，至今有超過兩千五百名治療師接受培訓，並於六十個以上的國家實行心像式關係治療，另外有近兩百名工作坊主講人接受培訓後，在全球各地舉辦工作坊。這些專家共同成立旨在協助專業成長與培力的心像式關係國際事業，另外也建立國際心像式社群。

哈維爾與海倫在二〇一五年共同成立安全談話公司，現已更名為量子連結。這是一間傳授安全溝通法的人際調停培訓協會，而且方法的設計，都是利用最新的關係科學為基礎，能夠有效讓人化衝突為融洽。兩人深信安全談話方法學及相關技巧能夠使世界關係更緊密，性別種族更公平。因此量子連結志在用三十年時間傳授安全溝通法給全球二十五億人（全球二〇五〇年預計人口的百分之二十五），意圖使當前「唯我獨尊」型態的文明變成以關係為主的文明，進到人類社會演變的第四階段。

哈維爾大學畢業於喬治亞州梅肯市的默瑟大學，並獲授該校文學榮譽博士學位。

除了取得紐約協和神學院神學碩士學位，也擁有芝加哥大學神學院心理學與宗教學碩士及博士學位。亨卓克斯博士榮獲多項殊榮，包括美國浸信會頒發的「年度傑出牧靈輔導獎」（一九九五年）、美國牧靈輔導協會頒發的「一九九五年傑出貢獻獎」，以及和海倫共同獲得的「心像式關係治療協會傑出貢獻獎」。他是美國牧靈輔導協會的專業會員，也是美國團體心理治療協會及國際溝通分析協會的臨床會員，並曾擔任團體心理治療基金會董事。

哈維爾與海倫共組混合家庭，育有六名子女及八名孫子，目前定居德州達拉斯與紐約市兩地，也在當地工作。

海倫・樂凱莉・杭特博士（Helen LaKelly Hunt, PhD）

海倫・樂凱莉・杭特博士自紐約協和神學院取得女性歷史學博士學位，與丈夫哈維爾共同開發心像式關係理論與治療法，合力創辦教職員達四十人的心像式國際培訓協會。另外共同創辦的心像式關係國際事業，則志在全球推廣心像式關係療法與實踐，至今已協助二千五百位治療師精進成長，足跡遍布六十個國家。

二〇一五年，海倫與哈維爾共同創辦名為安全談話的組織，現稱為量子連結。這是一家傳授安全談話方法與技巧的培訓機構，透過最新的關係科學介入，協助人們化衝突為融洽。海倫深信，有了安全談話，這個世界可以變得更注重關係，並促進性別與種族平等。

海倫除了和哈維爾聯手催生並推廣心像式關係治療及安全溝通法，更是推動全球女性運動的少數一員，與人一起創辦德州女性基金會、紐約女性基金會、女性資助網絡及女性力撼百萬行動（Women Moving Millions）等組織。基於對全球女性運動的卓越貢獻，海倫於一九九四年入選美國國家女性名人堂，並因成立女性力撼百萬組織以及女性創新慈善事業的卓越領導，獲得史密森尼學會表揚。

海倫單獨著有《信仰與女性主義：神聖的聯盟》（*Faith and Feminism: A Holy Alliance*）。其最新著作《感召：美國第一代女性主義者的失落基進史》（*And the Spirit Moved Them: The Lost Radical History of America's First Feminists*）記錄激勵人心的廢奴女性主義者故事。基於對心理學的濃厚興趣，她與丈夫合著多本心像式治療的書，其中三本榮登《紐約時報》暢銷書名單，分別是《得到你要的愛情》、《守住獲得的愛情》及《給予療癒的愛》，其餘著作包括《愛的收受》、《讓婚姻變單純》、《間隔空間裡的心像式關係治療》與另外六本著作。

跟任何人都可以談任何事

「安全溝通法」教你談話技巧的結構，三步驟打造零負面環境，化解緊張對立，和誰都能無話不談

作　　者／哈維爾・亨卓克斯 Harville Hendrix, PhD.
　　　　　海倫・樂凱莉・杭特 Helen LaKelly Hunt, PhD.
譯　　者／謝孟達
編　　輯／方之瑜

版　　權／游晨瑋、吳亭儀
行銷業務／林秀津、周佑潔、吳淑華、周佑節
總 編 輯／程鳳儀
總 經 理／彭之琬
事業群總經理／黃淑貞
發 行 人／何飛鵬
法律顧問／元禾法律事務所　王子文律師
出　　版／商周出版
　　　　　城邦文化事業股份有限公司
　　　　　台北市南港區昆陽街 16 號 4 樓
　　　　　電話：(02) 2500-7008　　傳真：(02) 2500-7759
　　　　　E-mail：bwp.service@cite.com.tw
發　　行／英屬蓋曼群島商家庭傳媒股份有限公司城邦分公司
聯絡地址／台北市南港區昆陽街 16 號 8 樓
　　　　　書虫客服服務專線：(02) 25007718・(02) 25007719
　　　　　24 小時傳真專線：(02) 25001990・(02) 25001991
　　　　　服務時間：週一至週五 09:30-12:00・13:30-17:00
　　　　　劃撥帳號：19863813；戶名：書虫股份有限公司
　　　　　讀者服務信箱 E-mail：service@readingclub.com.tw
　　　　　城邦讀書花園 www.cite.com.tw
香港發行所／城邦（香港）出版集團有限公司
　　　　　香港九龍土瓜灣土瓜灣道 86 號順聯工業大廈 6 樓 A 室
　　　　　電話：(852)2508-6231　　傳真：(852)2578-9337
　　　　　Email：hkcite@biznetvigator.com
馬新發行所／城邦（馬新）出版集團 【Cite (M) Sdn. Bhd.】
　　　　　41, Jalan Radin Anum, Bandar Baru Sri Petaling,
　　　　　57000 Kuala Lumpur, Malaysia
　　　　　電話：(603) 90563833　　傳真：(603) 90576622
　　　　　Email：services@cite.my

封面設計／徐璽設計工作室
電腦排版／唯翔工作室
印　　刷／韋懋實業有限公司
經 銷 商／聯合發行股份有限公司　電話：(02) 2917-8022　傳真：(02) 2911-0053
　　　　　地址：新北市新店區寶橋路 235 巷 6 弄 6 號 2 樓

■ 2025 年 7 月 10 日初版　　Printed in Taiwan

定價／ 450 元

ISBN：978-626-390-575-7　電子書 ISBN：978-626-390-574-0（EPUB）

城邦讀書花園
www.cite.com.tw

國家圖書館出版品預行編目資料

跟任何人都可以談任何事/哈維爾・亨卓克斯(Harville Hendrix)，海倫・樂凱莉・杭特(Helen LaKelly Hunt)著；謝孟達譯. -- 初版. -- 臺北市：商周出版, 城邦文化事業股份有限公司出版：英屬蓋曼群島商家庭傳媒股份有限公司城邦分公司發行, 2025.07

面；　公分

譯自：How to talk with anyone about anything: the practice of safe conversations.

ISBN　978-626-390-575-7（平裝）

1.CST: 傳播心理學

177.1　　1140072937